毕加索：天才与疯子

PICASSO
LE SAGE ET LE FOU

［法］玛丽-洛尔·贝尔纳达克　［法］波勒·迪布歇　著

莫兰　译

SPM 南方传媒 ｜ 花城出版社

中国·广州

图书在版编目（CIP）数据

毕加索：天才与疯子 / （法）玛丽-洛尔·贝尔纳达克，（法）波勒·迪布歇著；莫兰译. -- 广州：花城出版社，2025. 4. --（纸上博物馆）. -- ISBN 978-7-5749-0457-6

Ⅰ. K835.515.72

中国国家版本馆CIP数据核字第20242D6G43号

著作权合同登记号 图字：19-2024-325 号

For Picasso. Le sage et le fou:
First published by Editions Gallimard, Paris
© Editions Gallimard, collection Découvertes 1986

本书中文简体版专有版权由中华版权服务有限公司授权给北京创美时代国际文化传播有限公司。

出 版 人：张　懿
项目统筹：刘玮婷　林园林
责任编辑：张　旬
特邀编辑：吴福顺
责任校对：李道学
技术编辑：凌春梅　张　新
封面设计：刘晓昕
版式设计：万　雪

书　　名　毕加索：天才与疯子
　　　　　BIJIASUO: TIANCAI YU FENGZI
出版发行　花城出版社
　　　　　（广州市环市东路水荫路11号）
经　　销　全国新华书店
印　　刷　天津睿和印艺科技有限公司
　　　　　（天津市武清区大碱厂镇国泰道8号）
开　　本　710毫米×1000毫米　16开
印　　张　14.25　1插页
字　　数　218,000字
版　　次　2025年4月第1版　2025年4月第1次印刷
定　　价　88.00元

如发现印装质量问题，请直接与印刷厂联系调换。
购书热线：020-37604658　37602954
花城出版社网站：http://www.fcph.com.cn

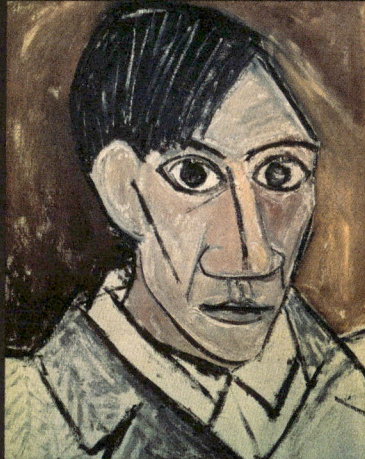

保罗·艾吕雅 | "我说的是好的"

《艺术笔记》第 7 期第 10 页，1935 年

"巴勃罗·毕加索是世界上最伟大的人之一，他用一生证明了自己的生命价值，即使他已离世，我们也无法说他已完全离开这个世界，他的影响力仍然存在。在征服了世界之后，毕加索有勇气超越自己，他自信地认为自己不是要征服世界，而是要与世界相媲美。他说："当我没有蓝色时，我就用红色。"他用的不是一条直线或曲线，而是打破了一千条线，这些线在他身上重新找到了它们的统一性和真理。他无视公认的客观真实的概念，重新建立了客体与主体之间的联系。因此，他以最大胆、最崇高的方式向我们提供了人类和世界不可分割的证据。"

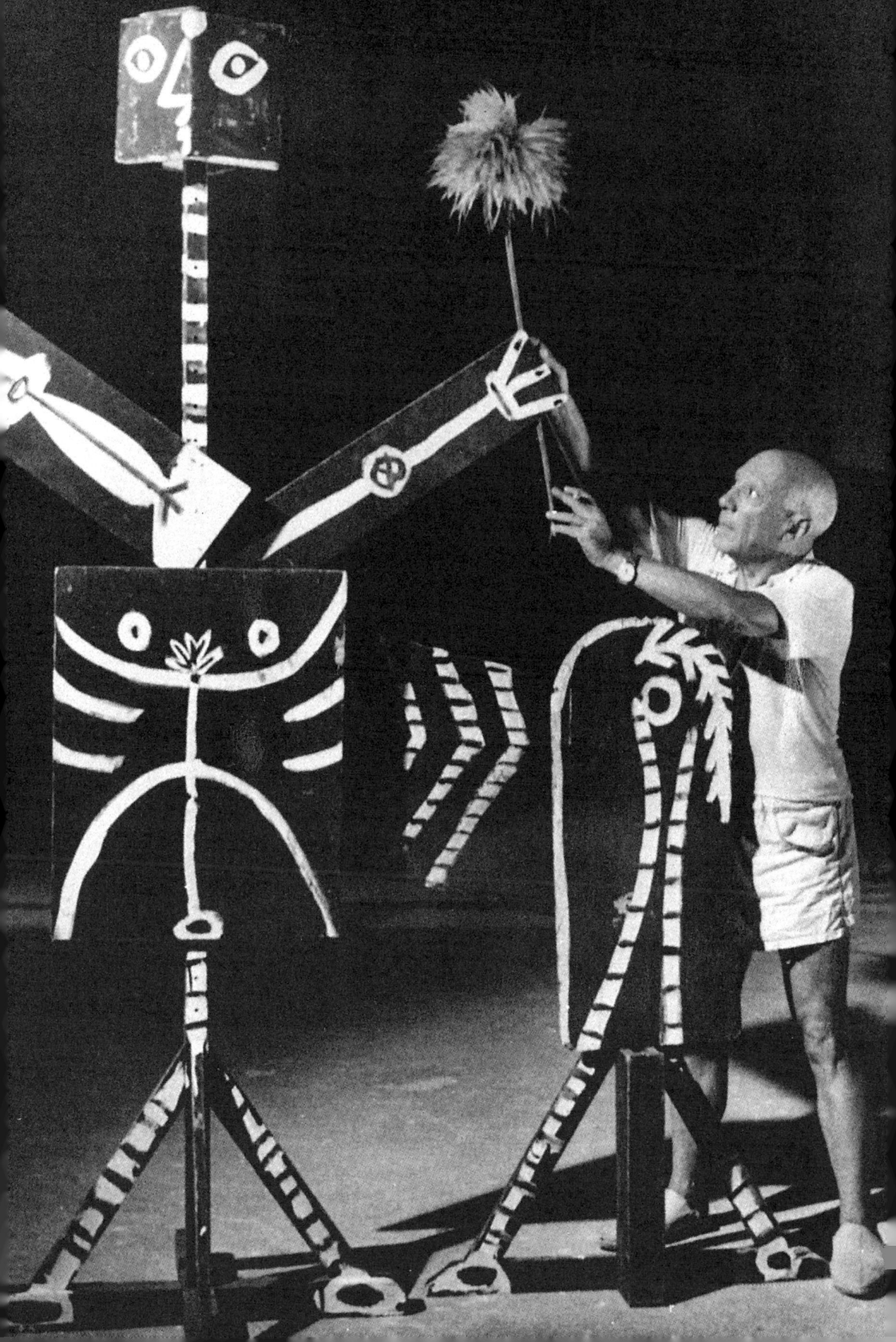

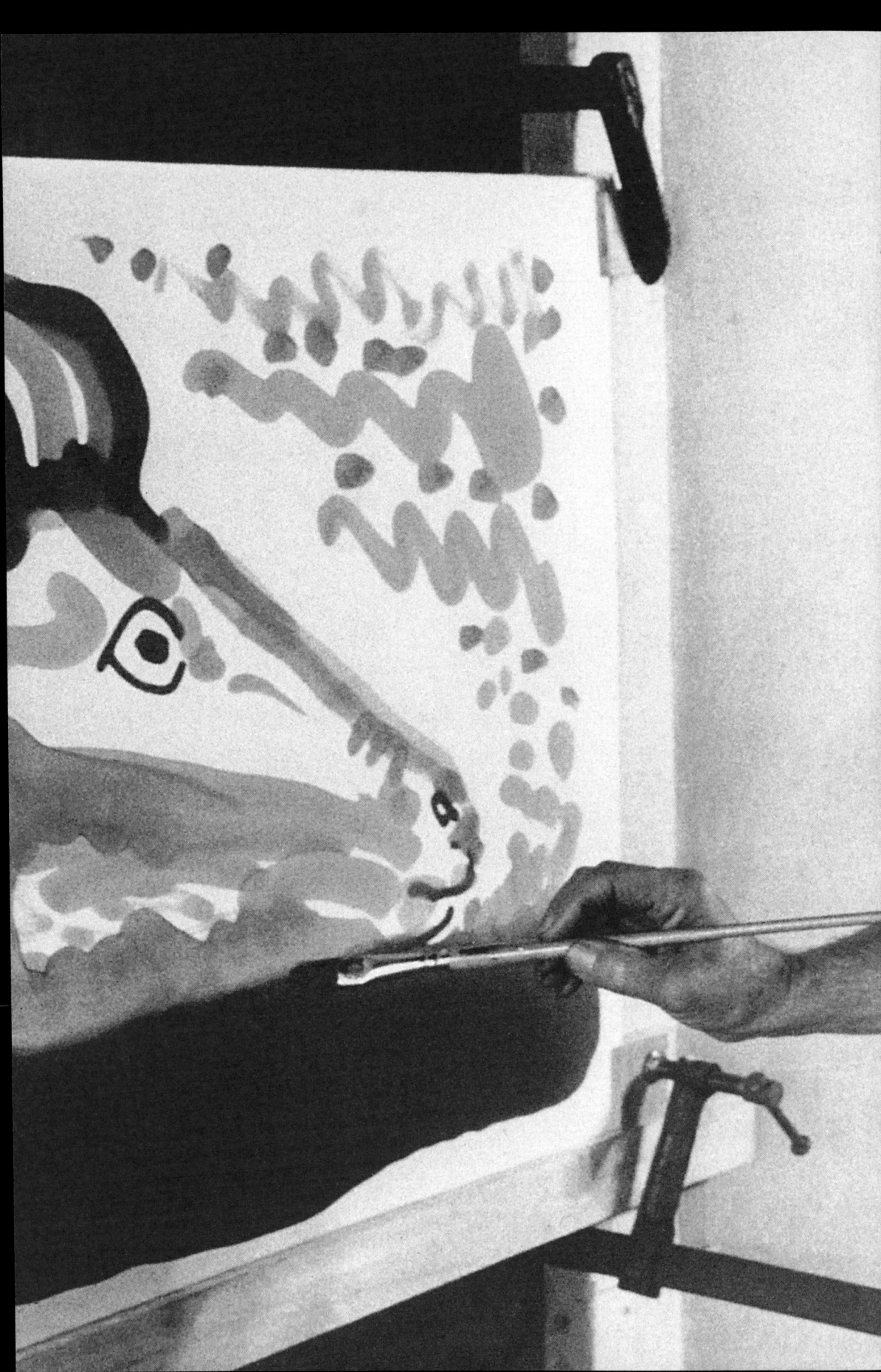

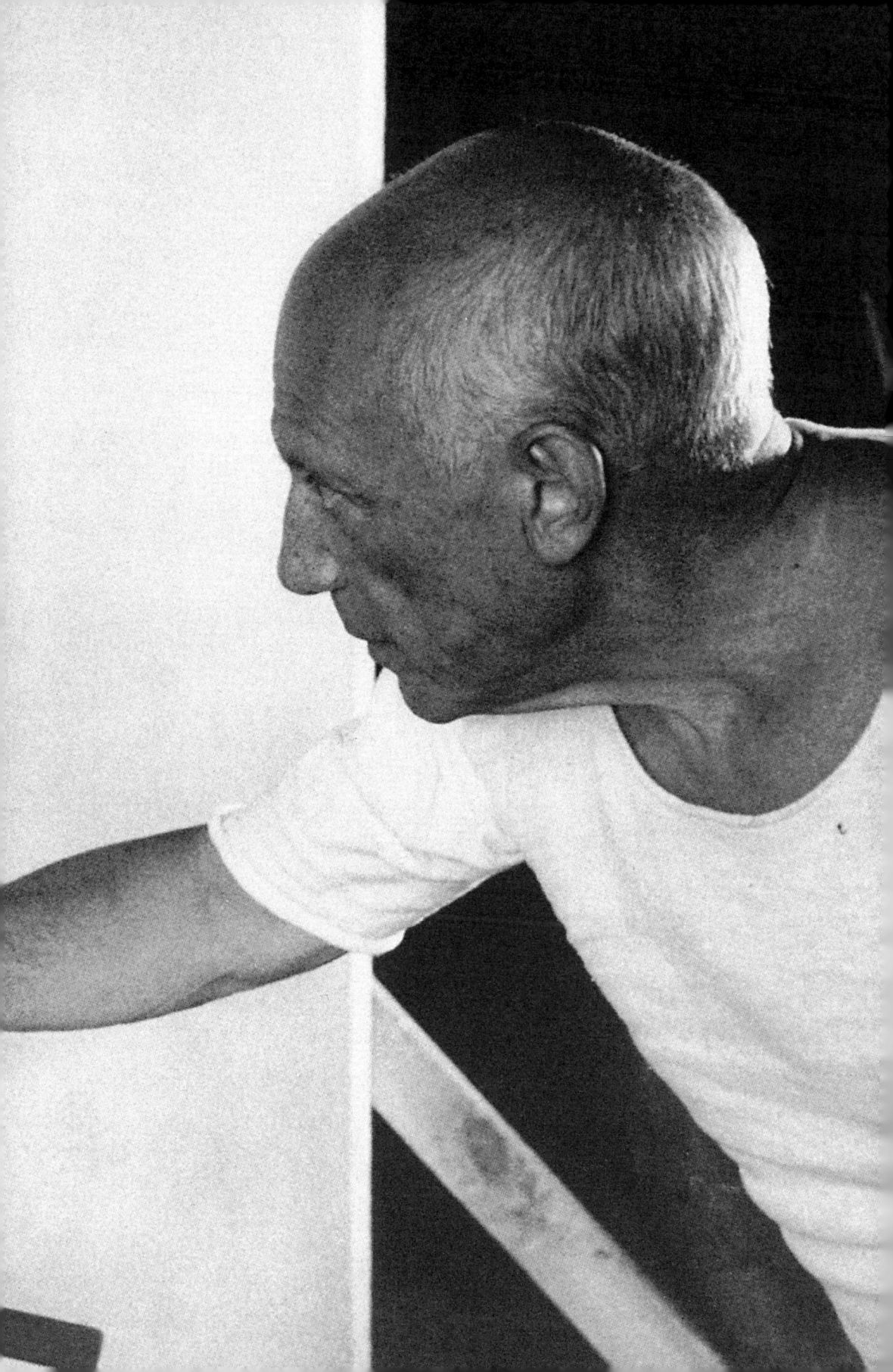

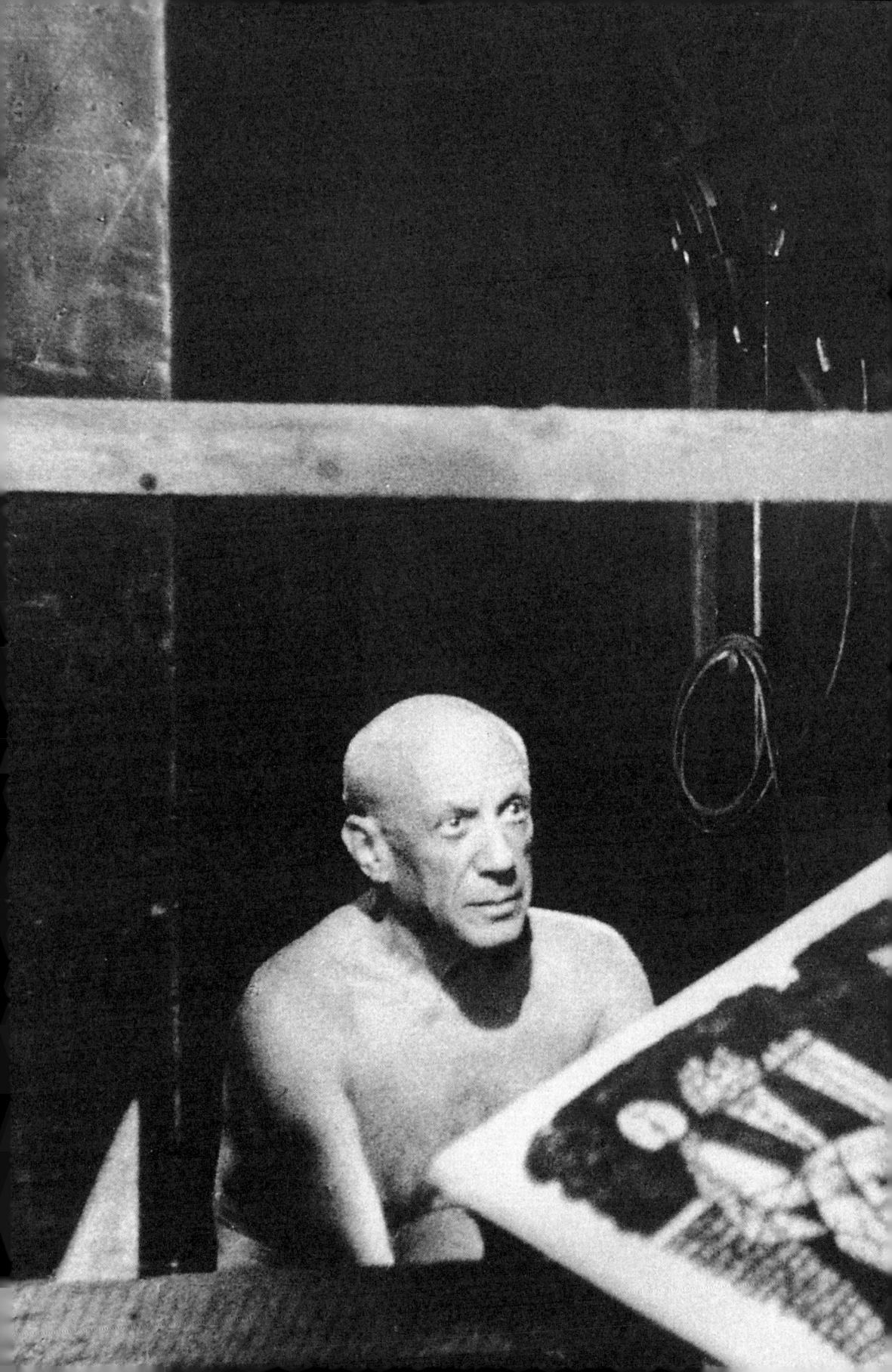

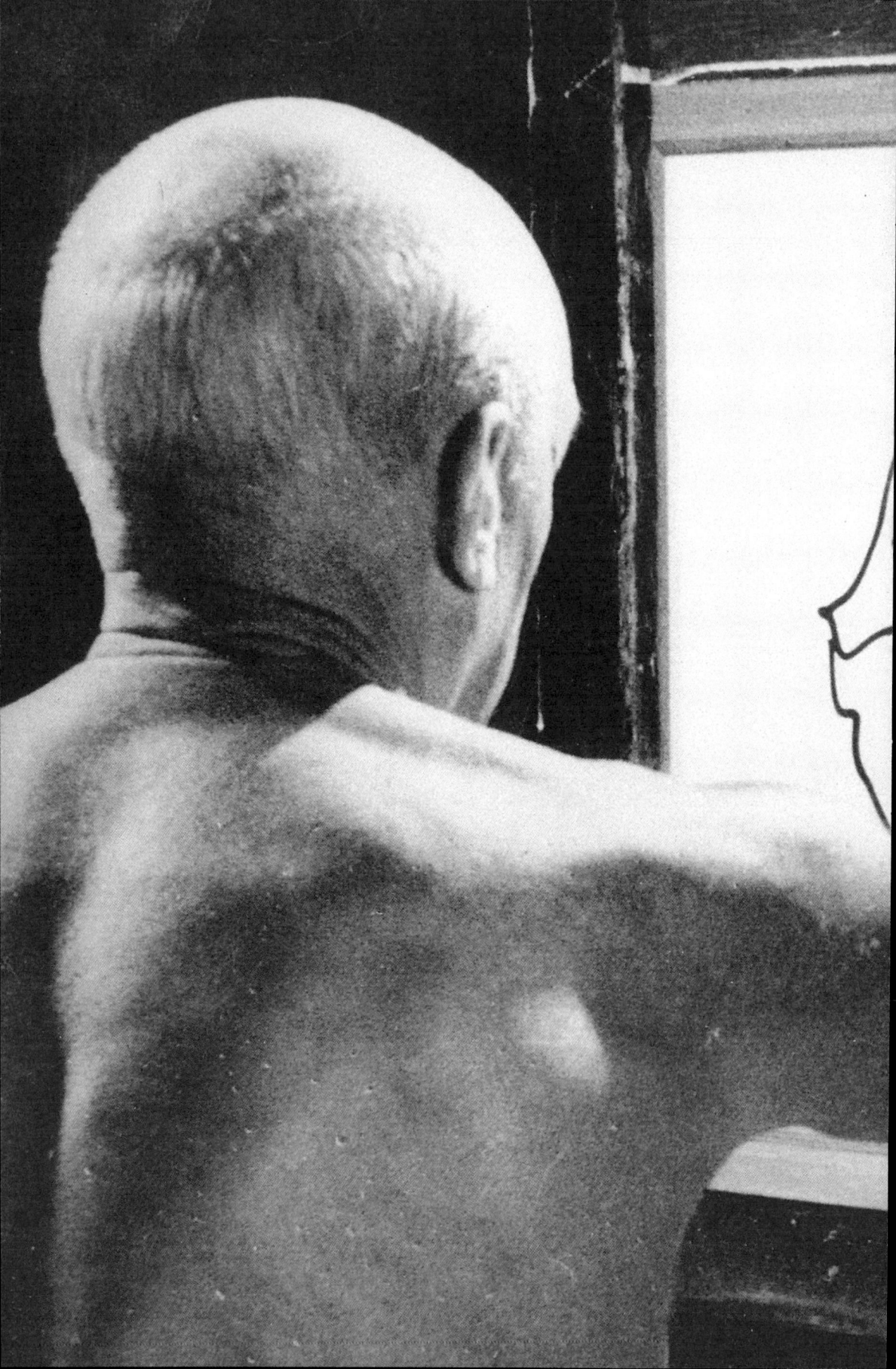

目 录
C o n t e n t s

第一章
西班牙的童年时代

1881 年 10 月 25 日晚上 11 点 15 分，就在午夜快要来临之时，毕加索在西班牙南部马拉加的一座白色大屋里出生。星星和月亮的神奇组合使午夜的天空变得特别明亮，并向正在"沉睡"的房屋散发出非凡的白光。

————

《斗牛士》（上页图）是已知的毕加索的第一幅木板油画，创作于其 8 岁的时候。尽管画作有点破损，但毕加索用一生的时间保存着它。在 14 岁时，他画了这幅他母亲的肖像（上图），这是一幅创作于巴塞罗那的粉彩画。

在这种神奇的夜光下出生的小男孩被命名为巴勃罗·鲁伊斯·毕加索（Pablo Ruiz Picasso）。根据西班牙的传统，他的名字是以父亲鲁伊斯（Ruiz）和母亲毕加索（Picasso）的名字组合而成的。不过，实际上，在圣地亚哥教堂非常庄严的洗礼日那天，他的名字中还加入了巴勃罗、迭戈（Diego）、何塞（José）、弗朗西斯科·德·保罗（Francisco de Paulo）、胡安·内波穆塞诺（Juan Nepomuceno）、玛丽亚·迪洛斯·雷梅迪欧（Maria de los Remedios）和西普里亚诺·德拉·桑蒂西马·特立尼达（Cipriano de la Santissima Trinidad）的名字。马拉加的习俗是给孩子取尽可能多的名字，这么多的名字，也许代表着多一点的祝福吧。

他的父母都是西班牙人，血统纯正。他的妈妈，玛丽亚·毕加索·洛佩斯，是安达卢西亚人，头发浓黑；他的父亲何塞·鲁伊斯·布拉斯科，也是安达卢西亚人，但是和母亲相比，则是另一种安达卢西亚人，他高大、消瘦、红头发，看起来几乎是英国人，这也体现了西班牙民族复杂矛盾的构造。从毕加索的祖辈时起，毕加索家族就是一个庞大的家庭，其成员构造就像一堵古老的、由不一样的石头堆砌起来的城墙一样，人员成分复杂且多样，有牧师、艺术家、教师、法官、小官吏以及穷困潦倒的贵族。毕加索将从祖辈中得到一切：他祖先们的热情以及整个西班牙的特色。

毕加索最早的画作是他为父亲画的鸽子腿

毕加索的父亲何塞·鲁伊斯·布拉斯科是一位画家，专门负责装饰餐厅，最喜欢的图案总是由羽毛、树叶、鹦鹉、丁香和（更多的是）鸽子组成。鲁伊斯一家居住的梅塞德广场掩映在一片梧桐树中，成千上万只鸽子在那里筑巢。何塞不知疲倦地画着广场上的鸽子，鸽子布满了他的画，并且被和谐地排列在画中。

鸽子也是小毕加索的第一个伙伴。即使那时候的毕加索年龄还小，不会走路，也不会说话，但他会用眼睛热情、仔细地观察它们以及父亲作画的过程，时间很长，以至于他说出的第一个单词就是"皮兹"（Piz）。这可不是单纯的发音，而是一个"笔"（Lapiz）字的不标准发音，这是在命令身边的人给他一支铅笔。在小毕加索的眼里，那窗户外鸽子栖息的树枝，和父亲画鸽子所用的铅笔是一样的。

毕加索在还不会自己拿铅笔的时候，就知道怎么说"铅笔"的单词了。后来，他在会说话之前，就学会了画画；在学会走路之前，学会了说话。

1890年，9岁的毕加索第一次画鸽子（下图）。他模仿父亲何塞画了许多鸽子。为了让鸽子成为他的模特，他在家里饲养了很多，并允许它们在房子里自由地飞来飞去。毕加索对鸽子的喜爱一直持续到他去世。

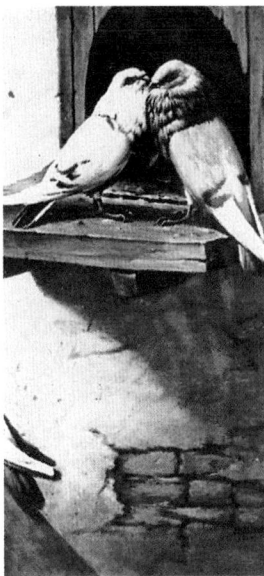

左图是何塞·鲁伊斯·布拉斯科的作品，他在 19 世纪 90 年代担任马拉加博物馆的馆长，但他永远不会收购任何东西，再加上缺乏资金，博物馆仍然处于规划的阶段……仁慈、矜持、谨慎的何塞画了一些非常写实的画，后来毕加索把这些画称为"餐厅的画"。

过了一段时间后，小毕加索学会了走路，他推着一个密封的立方体奥利贝饼干盒向前走着。为什么他要推着饼干盒走路呢？那是因为他很清楚立方盒子里有什么：饼干！这也象征着，未来毕加索离立体主义的发明还有一段很长很长的路要走。几年后，何塞被他儿子的天赋惊艳到，而他自己却逐渐放下了画笔，不再作画。那天晚上，何塞留下一幅还未完成的静物画在家，匆匆忙忙地走出家门，当他回来的时候，却意外地发现鸽子图已经被小毕加索完成了。画作中鸽子的爪子是如此的栩栩如生，这让何塞深深感到震撼，确信儿子的天赋比自己的还要大，于是他把他的调色板、画笔和颜料都给了小毕加索，从今以后自己将不再画画。

把画笔交给儿子这件事，其深层含义比表层含义还要重要，这让人想起，每一个西班牙男孩都知道的一种重要转变，那就是一个男孩成了一个真正的斗牛士，有能力杀死公牛的一刻。而毕加索了解"斗牛"的时间几乎和了解鸽子的一样长。何塞带着他最年轻的儿子来到这里，将他对辉煌的竞技场的激情传递给了儿子，为的就是那狂野热血、生机勃勃的牛群，为的就是血液在天鹅绒般的黑色公牛身上呈现出的非凡的红色，为的就是那一声声"乌拉"的欢呼声和灯光下弓起的属于斗牛士的身体。

14 岁时，毕加索穿越西班牙，发现了西班牙绘画的瑰宝

1891 年，何塞接受了拉科罗涅的绘画教授职位，拉科罗涅位于西班牙北部的西海岸。除了毕加索，这个家庭如今又多了两个小女孩——康塞普西翁和洛拉。拉科罗涅的天气常常布满阴沉的云，很少出现太阳，而且它靠近湿冷的大西洋，时不时吹着夹带雾和雨的海风。当来到拉科罗涅，看到此景的时候，何塞便讨厌起这座城市。就在他们到达此处几个月后，小康塞普西翁死于白喉病，女儿的死亡让何塞对这座城市更加憎恶。

但这次全家的北迁对毕加索产生了很大影响。此时，一家人就住在他父亲任教的艺术学校的对面，他只须穿过街道就可以去画画，练习他父亲教给学生的所有绘画技巧。他在很短的时间

上图是毕加索1896年抵达巴塞罗那时的照片，那时的他才15岁，剪短了的头发让他的眼神显得更有穿透力。

《赤足的少女》(创作于
1895 年)。1895 年，毕
加索在拉科罗涅创作
这幅肖像画时才 14 岁。
他说："她们这些可怜
的女孩总是光着脚走
路，那个小女孩的脚还
被冻伤了。"绘画的处
理方式既是写实的也是
传统的，但从这幅画中
我们已经感觉到一个画
家的成熟，他知道如何
表达一个严肃的凝视和
一种悲伤的态度。

内掌握了使用木炭笔绘画的技术，这使得他画出阴影的明暗对比成为可
能。不过，除了画画，他在学校里什么也学不到，在他 11 岁的时候，
即使是最基本的技能——阅读、写作和计算，也给他带来很多的困难。

　　在毕加索必须考取毕业证书的那一天，他不得不对考官说明，他什么
都不会，真的什么都不知道。和蔼可亲、善解人意的考官先生并没有为难
他，而是在黑板上画了几列数字，而这些数字正是毕加索应该在考试纸上
回答的；随后他温和地要求毕加索"至少"把它们抄下来。此时的毕加索
知道该怎么做了！他把表格上的数字一笔一画地抄下来，抄写得很完美，
甚至比考官画得还要漂亮。之后，毕加索感到非常高兴，因为他想到了父
母的骄傲，还想到了他将得到画笔作为考取毕业证书的奖赏。

《斗牛》（创作于 1894 年，上图）。毕加索儿时的画作经常描绘他最喜欢的表演：斗牛。他从五六岁起就坐在父亲的腿上观看斗牛——这样便可以只付一个座位的钱。毕加索一生都对斗牛充满热情，他几乎每年都以参加仪式的隆重态度参与或观看斗牛，斗牛这类题材从未停止出现在他的作品中。

但是，考生还需要在这列数字下面画条横线并且将它们相加得出总数，幸运的是，考官把答案写在了自己的笔记本上，不过在毕加索的视角，这个数字是颠倒的。于是毕加索便学着"倒看"，没想到他真的把答案看清楚了，并且把总数画在自己的考试纸上。他在这一方面总是很努力，在未来，他能够把他对面的朋友们的脸倒着"画出来"，这也奠定了他之后的绘画方式。考试结束后，毕加索终于成功地拿着证书回到了家，他一边走路，一边思考着如何画一只完整的鸽子。"鸽子的眼睛像数字'0'一样圆。'0'的下面是'6'，'6'的下面是'3'。它有两个眼睛，翅膀也有两个。两条腿放在桌子上，求和横线就在上面，而答案就在下面。"对毕加索来说，真正的答案是他将画出的图景。

1895 年初夏，鲁伊斯一家收拾行囊，打算前往马拉加度假。他们在马德里停留，何塞带着他的儿子去了普拉多博物馆。这是一个令人眼花缭乱的地方，馆藏的作品有委拉斯开兹、苏巴朗、戈雅等画家的画作，这是毕加索第一次看到丰富而伟大的西班牙绘画瑰宝。

在巴塞罗那，毕加索让美术学院入学考试的评审团大吃一惊

新的学年开始了，鲁伊斯一家第二次踏上了北迁之路，但这一次是去巴塞罗那。何塞刚刚被任命为回廊美术学院的教职人员。巴塞罗那是加泰罗尼亚的首府，也是一个历史悠久的大城市，背靠西班牙，既有着丰富的西班牙文化，也是一个始终向欧洲其他地区开放的城市。

在 19 世纪末的巴塞罗那使用加泰罗尼亚语，就像在法国南部使用奥克语一样。自 1855 年以来，一股强大的艺术与文化潮流在巴塞罗那和法国之间流动。巴塞罗那的"圈子"被法国人入侵，许多加泰罗

下面这幅画作中出现的两个自画像，是 1897 年至 1899 年间毕加索一组《自画像研究》的一部分。他在这里绘制出了当时波希米亚艺术家的形象：黑帽子、凌乱的领带、皱巴巴的西装，充满叛逆的气息。

尼亚知识分子前往巴黎。

毕加索喜欢巴塞罗那。这座城市不像拉科罗涅那样天空一片灰蒙蒙的，这是一个富有多样性且充满生命力的城市，到处都是形形色色的人，周围的颜色也很鲜艳，充满着自由的氛围，这是一个真正的城市。对毕加索来说，巴塞罗那的生活可以从两个角度概述。唐·何塞现在教授绘画的学院叫作回廊美术学院，这所学院秉持着古老的学术传统，学生主要通过坚持不懈地复制古老的石膏铸件来研究"古董"。

当时，毕加索才 14 岁。原则上，他还太小，达不到该校入学的年龄。但在父亲的坚持下，他被允许参加入学考试，而考试的题目是"古色古香、自然、生动的模型与绘画"。正是在那一天，毕加索让整个评审团大吃一惊。在一天的时间内，这个孩子就完成了所有考试内容，换作平常的学生，通常要花整整一个月的时间才能够完成。他做得如此熟练、如此精确，陪审团的所有成员一丝犹豫也没有，一致认为这个男孩就是个神童。

从回廊美术学院的第一堂课开始，毕加索就和另一位画家曼努埃尔·帕利亚雷斯成为朋友。这份友谊给他带来的好处当然比学校那艰苦的课程要多得多，毕加索经常在他那位于拉普拉塔街的画室里为他的画家朋友画肖像，除此之外，他们还谈论各自的作品，不过是在那间画室里，而不是在美术学校的校舍里。

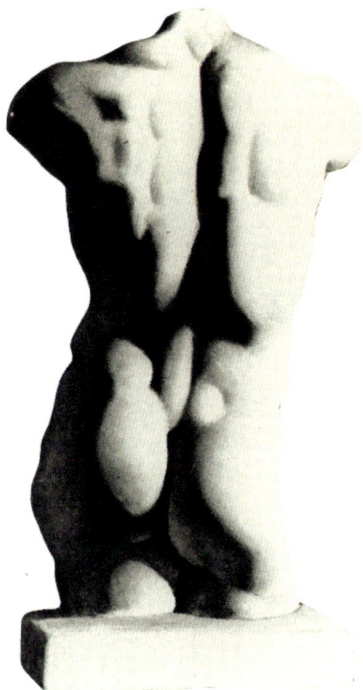

在巴塞罗那美术学院，毕加索接受古典教育，并复制古代石膏像，如《男人的躯干》（大约创作于 1893 年到 1894 年，上图）。他完美的画作使他的大师级老师们大吃一惊。他说："我从来没有画过儿童画，我 12 岁的时候画的画应该是像拉斐尔画的一样……"

在奥尔塔－德圣胡安，毕加索高兴地发现了狂野的加泰罗尼亚乡村

1897 年秋，毕加索已经 16 岁了，他有一种强烈的感觉，认为自己必须逃离那一切与他关系太密切的事物：学校和学院派的课程、他的父亲、他频繁走动的工作坊……否则，这些事物将可能给他带来不好的影响。

10 月初，毕加索独自一人前往马德里。他参加了皇家学院的考试，和在巴塞罗那一样，他获得了辉煌的成功。同样令评审老师赞叹不已的是，就像在回廊美术学院一样，他在一天之内就画出了非凡的作品。16 岁的巴勃罗·毕加索，优秀地完成了西班牙美术学校所有的考试。

这是他第二次来到马德里。而这一次，他只有一个人，还没有钱。在市中心找到一个小房子后，他立刻开始画画。这是一个冬天，没有火可以取暖，没有什么东西可以填饱肚子，他不知疲倦地工作，速度很快，心情也很兴奋，因为这代表着他的独立。工作太多，食物也不够吃，因此毕加索度过了一个很艰难的冬天。到了第二年的春天，毕加索得了重病，他不得已返回了巴塞罗那。

1898 年夏天，他的画家朋友曼努埃尔·帕利亚雷斯邀请他到自己父母的村庄奥尔塔－德圣胡安休养，这个村庄位于埃布罗河的荒野地区，这是毕加索第一次真正来到乡村。他学习田间劳作，学习有关动物、大自然、月亮、榨油机的知识，以及琢磨装满杏仁的缓慢走动的驴车。

当天气变得炎热、令人难以忍受的时候，两位年轻的画家走上山间小路，在一个山洞里安顿下来，随后在一个农场里购买所需的食物。山洞里十分阴凉，他们舒服地画了一整天。当夏天结束时，毕加索在奥尔塔的逗留也结束了。那一刻是如此的重要，以至于许多年后，毕加索仍感慨道："我所知道的一切，都是在帕利亚雷斯的村庄里学到的。"

第二年春天，毕加索在巴塞罗那举行了一次决定性的会议，而年轻的诗人海梅·萨瓦特斯将成为他生命中最忠实的朋友。

在世纪之交，巴塞罗那是欧洲知识分子生活的"熔炉"之一。现代主义在如《画笔和钢笔》《青年时代》以及《青年艺术》等杂志上大量传播，毕加索甚至在1901年担任过《青年艺术》杂志的艺术总监。左图是1900年毕加索和他的画家朋友卡萨吉玛斯在巴塞罗那街头散步的画作。

在四猫酒馆，毕加索遇到了活跃的加泰罗尼亚艺术家

在过去的两年里，巴塞罗那开设了一家艺术和文学酒馆，名叫四猫酒馆。老板是一个巴黎爱好者，为了纪念著名的蒙马特尔的黑猫酒馆，他给这个酒馆起了这样的名字。酒馆离"唐人街"不远，那是老巴塞罗那的一个欢乐而肮脏的地区，许多艺术家、政治叛逆者、诗人和流浪汉夜晚都会在那里生活，等待着苍白的黎明出现在天空中……没有什么比"唐人街"更中国、更西班牙了。那里有蜿蜒而拥挤的街道和烟雾缭绕的酒馆；在低矮的拱顶下，低沉的弗拉门戈歌手的声音回荡在四周，充满黑暗色彩的歌舞表演只在午夜后才开始展出；音乐厅周围荡漾着吉他的

高亢或热辣的音符，还有徘徊在街头的女孩们……在四猫酒馆的低矮房间里，有时会举办小型的展览。1900 年 2 月 1 日，毕加索就在这里首次展出了 150 幅画作，这些画作被钉在长长的房间里那油腻、被烟熏黑的墙壁上。这些画作的内容大多是他为朋友们——艺术家、诗人和音乐家——画的素描。

黑色的帽子、宽大的领带、短背心、深色的夹克和束脚裤，这是每天都能在四猫酒馆找到的那个充满活力、才华横溢的群体的统一着装。毕加索很快就成为这个群体的中心和主角。

从一开始，群体中不仅有十分钦佩他的人，还有特别憎恨他的人。毕加索的性格并不是只有一种特质。他个性中的一面，十分容易沉浸在自己的意见中无法自拔，在他最深的信念中保持沉默寡言和神秘，把自己封闭在阴暗的内心深处；而另一方面，他浑身上下充满了对生活的乐趣。因此，他的内心世界形成了对比鲜明的两部分，这一点是显而易见的，爱他的人十分爱他，而讨厌他的人也十分讨厌他。

在 1900 年夏天的尾巴，毕加索再次强烈地感受到，他需要逃离如今这个环境，完全做回他自己。他必须离开，离开巴塞罗那。当年 10 月，他和一个新认识的朋友卡洛斯·卡萨吉玛斯乘火车前往巴黎。

著名的四猫酒馆得名于蒙马特尔的黑猫酒馆，也得名于加泰罗尼亚语中的"没有四只猫"，就是"空无一人"的意思。1899 年，毕加索绘制了该酒馆的菜单封面（下页图），他幽默地诠释了 19 世纪末英国插画家的风格，同时也唤起了他钦佩的画家图卢兹－劳特累克的风格。

第二章
蒙马特尔的疯狂岁月

1900 年，毕加索 19 岁。他第一次出国，去的就是巴黎。他到达巴黎后，首先在蒙马特尔定居。蒙马特尔是巴黎最负盛名的地区。他刚到时，一句法语也不会说。那时正值秋天，一个闪耀的秋天。巴黎的美丽让毕加索惊叹不已。

———

《萨瓦特斯的肖像》（创作于 1901 年，上页图）。一天晚上，毕加索的朋友海梅·萨瓦特斯独自一人在咖啡馆里，毕加索走进来，看到了他，并为他画了这幅肖像。画布上有绿色，有黄色，悲伤已经弥漫在整个画作上，双手也随之伸长。
上图为《自画像》，创作于 1900 年。

《卡萨吉玛斯之死》（创作于 1901 年，巴黎，上图）。毕加
索的朋友卡洛斯·卡萨吉玛斯的自杀使他深受打击。在这
一时期，他通过几幅画来回忆这一悲惨事件。在这幅"肖
像"中，他根据记忆描绘了被蜡烛照亮的死者苍白的脸，
蜡烛的光芒像梵高画作中的一样闪耀，死者的太阳穴上有
子弹击中留下的致命痕迹。

　　几个月后，毕加索对巴黎所有的博物馆都已了如指掌。他花了很长
时间参详卢森堡印象派画家的画作；在卢浮宫，他发现了安格尔和德拉
克洛瓦两位大师的画作，并热切地学习德加、图卢兹－劳特累克、梵高
和高更等人的作品；他对腓尼基人和埃及人的艺术着迷，在那个时代，
他们被认为是完全无趣和"野蛮"的；克吕尼博物馆的哥特式雕塑使他
惊叹不已；除此之外，他还喜欢日本版画。他对一切都感到非常好奇。

　　然而，几个月后，毕加索又回到了巴塞罗那。当他和卡萨吉玛斯走
在西班牙的道路上时，一本加泰罗尼亚杂志还准备登载一篇热情洋溢的

文章欢迎他的归来，文章的结尾这样感叹道："他的法国艺术家朋友们给他起了个绰号叫'小戈雅'！"

但就在这期杂志印完准备发行的时候，毕加索又回到了巴黎，对他来说，一个新的时代即将到来，但也意味着一个痛苦时代的开始。冬天，他的朋友卡萨吉玛斯在爱情的绝望中开枪自杀了。

在蒙马特尔，在"蓝色时期"，毕加索画蓝色，看蓝色，活跃于夜晚

1901 年的春天，20 岁的毕加索，在新的时期迎来新的回归。在巴黎，他拥有了新的住址：克利希大道 130 号。毕加索住在一个小房间里，画画和睡觉都在此处。《蓝色房间》正是宣告"蓝色时期"开始的画作之一。蓝色是他喜欢的颜色，也是他在那个特定时期看待事物和世界的方式，当然，他穿的也是蓝色。在那个时候，他认为蓝色是"所有颜色中的颜色"，因此这段绘画时期被称为"蓝色时期"。

然后，在那个蓝色的夜晚，出现了一个黎明、一个光明的相遇：马克斯·雅各布。6 月，商人安布鲁瓦兹·沃拉德在其画廊举办了毕加索画展。画展期间，一个年轻人走了进来，他的神情优雅，但衣服破烂，唯独一顶大礼帽完美无缺；他的鞋子破旧，但面容十分高贵。马克斯·雅各布是一位诗人和艺术评论家。他立刻被毕加索的画作打动，而毕加索也立刻被马克斯的公正、判断力、才华横溢与激情所吸引，这段伟大的友谊就在此时此处结下。

"毕加索团队"

第二年的冬天，马克斯在他那间烟雾弥漫的小旅馆房间里欢迎毕加索和他的"团队"：一群年轻的西班牙画家。他们坐在地板上，由于外面

十分寒冷，他们都没有脱掉外套。他们热情地聆听马克斯朗读他的诗和他所爱的诗人——兰波、魏尔伦和波德莱尔——的诗，一直到深夜时分。

之后，这个团队经常在晚上去看蒙马特尔的歌舞表演，如黑猫酒馆举办的那些，如果买得起票，还会去红磨坊享受一番。

但这种情况很少见，毕加索和他的朋友们经常光顾的咖啡馆价格比较低廉。有一段时间，他们的总部是蒙马特尔的一个波希米亚小歌舞厅，名为"该死的"。那里有黑暗的走廊，被烛光照亮的肮脏墙壁，但最重要的是它的价格低廉，吸引着蒙马特尔身无分文的客人。"毕加索团队"每天晚上都在后面的一个小房间里聚会，在那里，老板弗雷德会给他们提上一桶啤酒或樱桃加白兰地。

1902年，相同的事情再次发生！毕加索无法一直留在一个地方，他同时爱着两个城市，他需要的是两个城市——巴塞罗那和巴黎。他在巴塞罗那给马克斯写信用的是蹩脚的法语，带有浓厚的西班牙风味，随信附着斗牛的草图。在信中的一张照片里，他展示了自己戴着一顶黑色的大帽子、穿着一条紧身的裤子、拿着一根手杖的形象。

《红磨坊前的自画像》（细节，创作于1901年）。毕加索到达巴黎后，不久便绘制出他自己的自画像。在这幅素描中（上图），毕加索把自己描绘成一个征服者，一只胳膊下夹着画架和调色板，另一只手提着手提箱。

在信的开头，他对于因为工作原因没有早点写信感到抱歉。"当我不工作的时候，我们要么玩得开心，要么无聊……"毕加索已经准备好再次跨越边界了！1902年底，这已经是他在两年内第三次这样做了。

毕加索和马克斯·雅各布同甘共苦

1902年末至1903年初，正值冬末，毕加索遭受的苦难如此之大，以至于马克斯·雅各布邀请他与自己在伏尔泰大道的房子里同住。马克斯并不比毕加索有钱，他在一家百货公司找到了一份工作，挣的钱勉强能够付房费。房子里只有一张床和一个大礼帽，这两个朋友必须一起分享！床从不空着，马克斯整晚都在那里睡觉，而毕加索则在工作。白天，马克斯在百货公司里工作，那床就轮到毕加索睡了。他们一分钱也没有，寻找食物是件大事。有一天，他们用最后一分钱买了一根在橱窗里看到的香肠。它看起来又大又好吃……但一放进锅里，它就爆炸了，什么都没剩下。

然而，毕加索热爱他的巴黎生活和他的朋友。6个月后，他回到巴塞罗那，带着一丝怀旧的心情写信给马克斯："我的老马克斯，我想起了伏尔泰大道的房间，还有煎蛋卷、豆子和布里奶酪……"

当时，对毕加索来说，苦难几乎与创作密不可分。正如他的朋友萨瓦特斯所写的："他相信艺术是悲伤和痛苦的后代。他认为悲伤是可以调解的，而痛苦是生活的基础。我们正在经历一个每个人都必须四处奔忙的时代。在这个不确定的时代，每个人都从自己苦难的角度进行考虑。"下图是拍摄于1904年的毕加索的照片。

1903 年至 1904 年间，毕加索回到了巴黎，随后又回到巴塞罗那。他不停地来往两地，但就是不安定下来。在 1900 年到 1904 年间，他没有决定在任何地方定居，或者更确切地说，他在往来中定居。在 4 年的时间里，他 8 次穿越比利牛斯山……但在 1904 年，他告别了加泰罗尼亚，这一次，他在巴黎永久定居。

"洗衣船"成为波希米亚人生活的中心

1904 年，在巴黎，"洗衣船"既不是船，也不是洗衣服的地方。这里几乎没有自来水，除了一个滴水的小水龙头……这是一座奇怪的、破旧的建筑，马克斯·雅各布给它起了这个绰号，因为你可以从街道上通过一座桥进入"洗衣船"，就像进入一艘船一样。"洗衣船"有一条弯曲的、潮湿的楼梯，还有通向黑暗的走廊，那里只有一个微弱的灯泡用来照亮。"洗衣船"里有破烂的墙壁，里面开着的门通向被称为"车间"的狭小房间。在世纪之交，它是巴黎波希米亚人生活的中心。1904 年的春天，毕加索在那里建立了他的工作室，并在那里待了 5 年。

洗衣船又脏又不舒服。然而，这里住着一群令人难以置信的人。他们的职业迥异，有画家、雕塑家、诗人、洗衣工，还有 4 户人家是商人，他们最大的共同点是没有一分钱。在那里，他们过着真正的乡村生活。在那里，有争吵，也有互

费尔南德·奥利维尔，自 1905 年起成为毕加索的伴侣（下页图），后来她描述了对这位画家的第一印象："毕加索身材矮小、皮肤黝黑、体格粗壮，总是忧心忡忡的，他的眼睛幽暗深沉且怪异，几乎是凝视着一切。"

助；在那里，有流言蜚语，也有和睦共处；在那里，他们生活在激情的戏剧当中……

有一天，风雨大作，一个年轻的女孩冲进"洗衣船"的黑暗走廊躲避暴雨。她那深红色的浓密头发已经湿了，她的衣裙紧贴着腿。意识到尴尬的她，在匆忙整理衣物的时候，差点撞到一个衣衫褴褛、面容黝黑、满脸笑容的男孩。他把她挡在狭窄的走廊里，把抱在怀里的一只小猫笑着递给了她。男孩正是巴勃罗·毕加索，而那个女孩的名字叫费尔南德·奥利维尔。他们的年龄相同，已经20岁了。不久后，费尔南德来到工作室，毕加索非常爱她，画了她数千次。费尔南德一坐就是好几个小时，有时是好几天，因为他们太穷了，她没有鞋能够穿出去！冬天，他们没钱买煤，于是他们找到了一种赊购的方法：当送货员敲门时，费尔南德从里面喊道："把东西放在地板上，我没办法打开门让你进来，我光着身子！"就这样，他们赚了一个星期的钱后再去还买煤钱。

那个时候，毕加索晚上工作，白天睡觉。他蹲在画布前的地板上，在悬挂在头顶上的煤油灯的照耀下作画。当他买不起煤油的时候，他便右手握着画笔，左手拿着蜡烛照明。他经常工作到早上6点，那些不知道他的日程安排且来得很早的访客，通常不怎么受他欢迎。

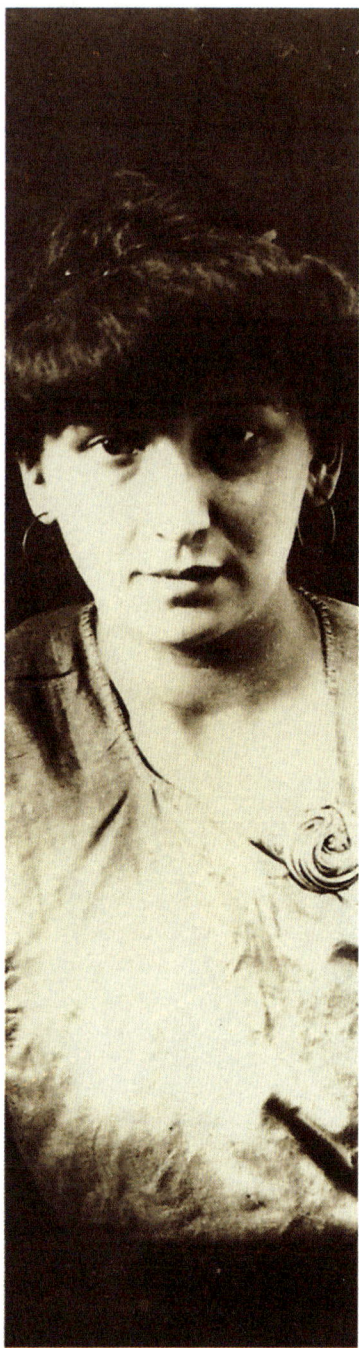

《自画像》(创作于1901
年,右图)。那时毕加索
年仅20岁。然而,在
画中,他却大大变老了:
凹陷的脸颊、杂乱的胡
须、憔悴的眼睛,表现
出一个看到生活本质的
成熟男人的孤独和苦恼。

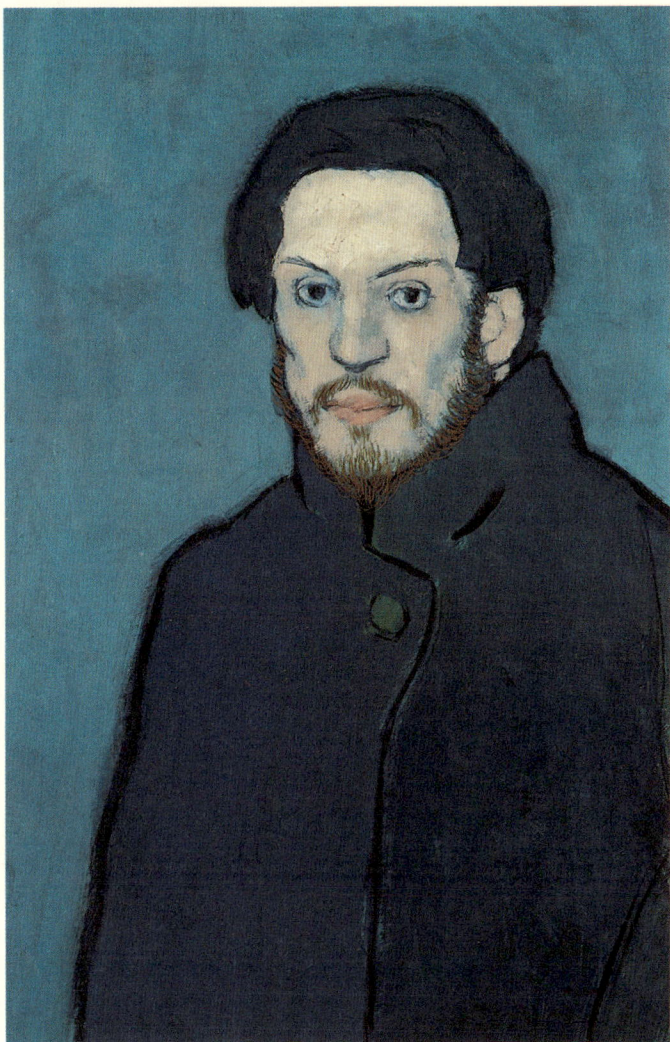

"蓝色时期"的画作是毕加索非常著名和极受喜爱的作品,可能是
因为所描绘的人物似乎与现实"一致",也可能是因为绘画的主题
表达了直接的情感。然而,如果你仔细观察这些画作,你会发现它
们是毕加索的个人愿景。"蓝色时期"最大的画作《生命》(创作于
1903年,上页图),同时也是一个象征。一边是一对裸体的夫妇
(男人有一张卡萨吉玛斯的脸),另一边,一位瘦弱的母亲似乎在那
里说,生命即使在其最伟大的时刻——在爱和母性滋养期间,也还
是荒凉的苦海。在男人和母亲之间,两个蜷缩的裸体提醒我们,创
造是存在的。创造就是艺术。对毕加索来说,艺术是从死亡中拯救
出来的东西,艺术就是生活。

在 1901 年至 1904 年间，毕加索用蓝色看待一切，仿佛在他和世界之间设置了一个过滤器。所有这些蓝色不是随机选择的，它表达了一种精确的、特殊的感觉。蓝色是夜晚、大海、天空的颜色，它是一种深沉而冷酷的颜色，一种与悲观、苦难和某种绝望相协调的颜色，而不是那些表达生命、太阳、温暖的黄色和红色等暖色。整个时期都是忧郁的。"这位非常年轻的人，他整个作品都充满了徒劳的悲伤，这是非同寻常的。这个早熟得令人毛骨悚然的孩子，难道不是注定要把这部杰作奉献给生活的消极意义，奉献给他遭受的比其他人更痛苦的邪恶吗？"夏尔·莫里斯在《法国信使》（巴黎，1902）上写道。

《盲者的饮食》（创作于 1903 年，跨页图）。盲人的主题一直困扰着毕加索。盲人没有视力，但有触觉，所以毕加索非常重视刻画他的手。对于一个所有的工作都在眼睛里、所有的力量都在眼睛里的画家来说，失明是最严重的残疾。但最重要的是，毕加索想用这个主题来表明，真正的凝视来自内在，艺术家所看到和感觉到的东西，只是外在表象。蓝色是夜晚的颜色，"月光、水、埃及冥界的蓝色"，卡尔·荣格写道。毕加索对为他写第一本传记的作家皮埃尔·戴克斯说："正是想到了卡萨吉玛斯（最近去世的朋友），我才开始画蓝色。"

在他的画室里，画布堆积如山，乱得令人难以置信

工作室里有麻布和煤油的味道，煤油既被毕加索用来做灯具，也被用来当作颜料的黏合剂。几十幅画布被堆在墙边，而画作则被毕加索放置在地上，靠着木质画架的脚。地板上散布着各种木板、颜料、画笔刷子以及大量的铁盒子。

然后是书、奇怪的东西、一根锌管、一堆零碎的东西、抽屉里的白老鼠、在旧货店里发现的仿

"玫瑰红时期"从1904年持续到1906年。该时期之所以被这样命名，是因为这个时期的画作中占主导地位的是赭色和淡粉色，如他在1905年的冬天才开始动笔的《格特鲁德·斯坦的画像》（创作于1906年，左图）。在作画过程中，格特鲁德·斯坦摆了很长时间的姿势。1906年的春天，毕加索擦去了他不满意的脸部；秋天，当他从高索尔回来的时候，他重新动笔，画上了看起来像一个面具的脸。额头光滑、隆起，线条匀称、简要。"这是我唯一的肖像，永远是我。"模特说。这个"玫瑰红时期"的名字也来自这个阶段里描绘的人物所散发出的温柔和脆弱。最常见的是杂技演员、卖艺者和处于边缘且脆弱的艺术家，他们的每一个手势都在谈论优雅和谦卑（见032~037页）。

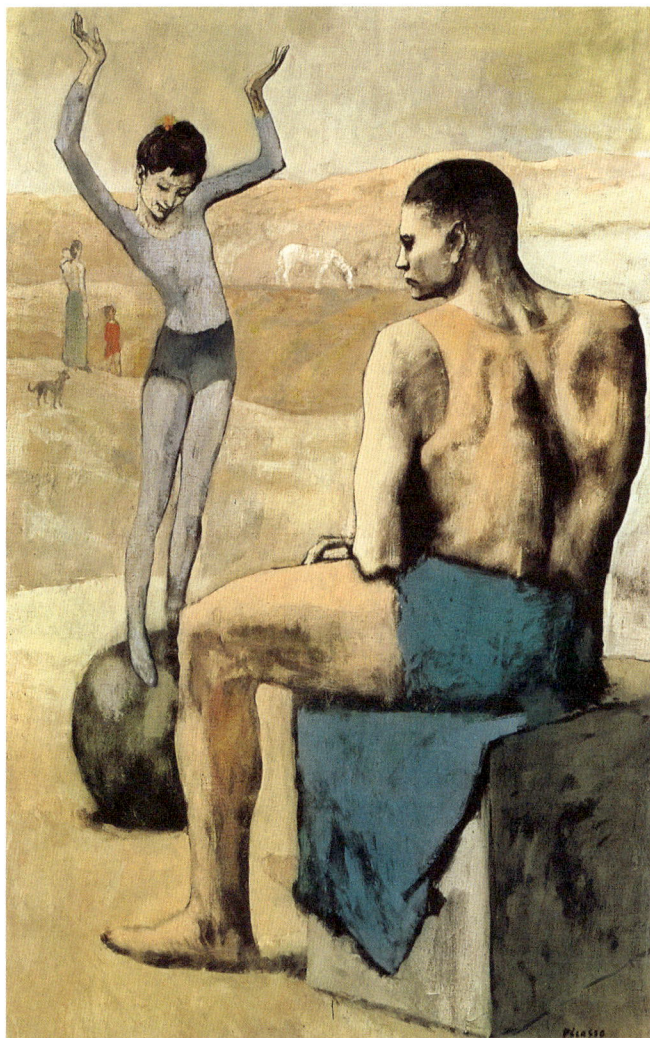

《站在球上的杂技演员》（创作于 1905 年，上图）。一个运动员坐在一个立方体上，你可以看到他宽阔而发达的背部肌肉。他看着一个站在球上的小女孩。她优雅地举起双臂，摆动着她的臀部，暗示着她站立的不稳定。这幅画引发了一种对立：一方面是力量、稳定和控制；另一方面是轻盈、敏捷和优雅。两种几何形状——正方形和球形，概括了这种对立。

真花、他喜欢的颜料……简直就是令人难以置信的混乱，但这是一种必要的、不可或缺的混乱。毕加索一生都生活在混乱之中，仿佛对他来说，无序是比秩序更丰富、更肥沃的思想和创造的土壤。这就是他的秩序。事物通过当下的必要性找到了它们的位置；相反，外在秩序则是一种强加的东西，它会冻结心灵。

毕加索总是需要独处才能工作，但他也不能没有同伴。由于他热爱诗歌，他的许多朋友都是诗人。1905年的秋天，在圣拉扎尔火车站附近的一家酒吧里，他遇到了一位冲动而才华横溢的诗人，名叫科斯特罗维茨基，波兰与意大利混血。他在更改了国籍之后，也改变了他的名字，后来叫纪尧姆·阿波利奈尔。

还有阿尔弗雷德·雅里、夏尔·维尔德拉克、皮埃尔·马克·奥朗，当然还有马克斯·雅各布。他们经常在毕加索的画室里见面。马克斯是一个不知疲倦的诗人，有着耀眼的活力。他读得很棒，这使他的听众听得很高兴。

毕加索喜欢和他所有的朋友（画家、雕塑家、诗人）一起吃饭

当他们不在毕加索家读诗或谈论绘画时，毕加索和他的团队就在狡兔餐馆聚会。在那里可以吃得好，而且便宜！在狡兔餐馆里，他们可以花费2法郎吃一顿极好的晚餐，配上想喝的美酒。在黑暗中，你可以看到挂着一些艺术家的作品，这是他们送给老板用来偿还欠款的。在这些画作中，就有毕加索的一幅色彩鲜艳、黄红相间的著名画作——《狡兔餐馆》。

毕加索喜欢喝着咖啡谈话，不管是严肃的话题或是喧闹的话题。他喜欢意想不到的邂逅——在街上，在露台上，在一瞥中，有时会产生真正友谊的邂逅。此外，他讨厌那些问他愚蠢问题以试图理解他作品的人。

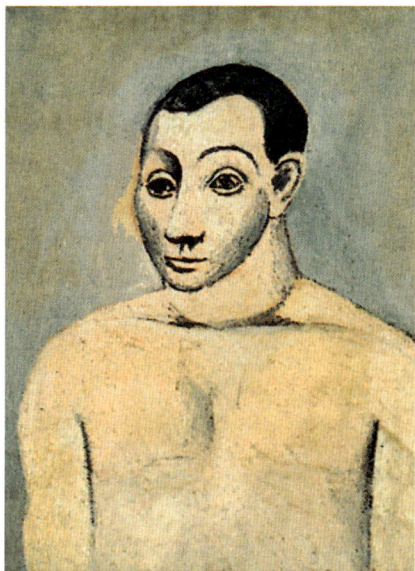

《自画像》（创作于
1906年，左图）。毕
加索从高索尔回来后
画了这幅肖像画，这
标志着他绘画上的深
层突破。他第一次没
有使用任何技巧画了
他所看到的东西，用
一种粗糙、另一种形
式的纯净手法绘画。
他的人物呈现出近乎
雕塑般的丰满。此外，
这一时期的所有作品
都证明了西班牙雕塑
的影响。毕加索把自
己的脸画成面具，好
像这张脸是别人的而
不是他自己的。《自画
像》流露出的近乎狂
野的古老和张力，向
我们展示了他在几个
月甚至几年内走过的
道路。

一天晚上，三个年轻的德国人要求他解释他的
"美学理论"，于是毕加索从口袋里掏出一把左轮
手枪，并向空中开了三枪！他是唯一一个笑的人！
而那些德国人早就在夜色里逃走了……

雕刻家帕科·迪里奥、画家卡纳尔斯、雕刻
家马诺洛·于格以及马克斯·雅各布，他们都是
毕加索亲爱的朋友，是第一批真正的毕加索崇拜
者。他们几乎每天都在这里，随时准备帮助毕加
索。毕加索拒绝向公众展示他的画，所以他们经
常腋下夹着他的画离开，试图把它们卖掉，赚点
钱。当时，看着他们离开工作室，对毕加索来说
是一种真正的痛苦。至于去商人那里推销自己的
画，那是不可能的。他宁愿送给他们，也不愿讨
论画的价格。

然而，除了那些热爱他作品的波希米亚朋友和贫穷的朋友之外，一些可能购买画作的绘画爱好者也开始对毕加索的画作产生热情。其中就有两位美国人，利奥·斯坦和格特鲁德·斯坦。当他们第一次参观画室时，他们很受震撼，马上就花了800法郎买了一幅画。

史无前例的事件！1906年，商人安布鲁瓦兹·沃拉德也买下了大部分"玫瑰红时期"的画作，一次花了2000法郎！毕加索和费尔南德终于可以去旅行了。两年的时间里，他们一直没有离开过巴黎。

在加泰罗尼亚比利牛斯山的高索尔，毕加索找到了西班牙、太阳和柏树

1906年，正值夏天，毕加索对西班牙产生了不可抑制的需求感。毕加索在巴黎待了这么长时间，在城市里待了这么久，此刻的他需要乡村的宁静。他不喜欢，或者说还不喜欢法国的乡村。他说法国的乡村闻起来像蘑菇，而他需要的是百里香、柏树、橄榄油和迷迭香的味道。更确切的是，阳光的味道、南方的味道以及西班牙的味道。

6月初，他和费尔南德买了两张去巴塞罗那的票，再经由巴塞罗那，到达了一个坐落在西班牙比利牛斯山高处的小村庄：高索尔村，那里有一个失落的村庄奇观，围绕着一个白色的广场，只有骑着骡子才能到达。

另一种生活开始了。在森林里，和走私犯一起奔跑，听他们讲述着冒险经历，攀登着那些从村子里就可以看到的像雕刻在蓝天上的山峰。对毕加索来说，这是一个新的工作时期。在高索尔，他恢复了平静，开始以十倍的热情作画。像往常一样，他以人、风景、房子为题材。而在他的面前，是没有窗户的方形小房子、戴着头巾的农妇、老人晒黑的脸以及费尔南德的宁静之美，这些一一展现在他的画作之中。夏末，费尔南德和毕加索又回到了巴黎。

《梳妆》（创作于 1906 年，巴黎，上图）。这幅画具有高索
尔时期的特色：圆形的、简化的形状，椭圆形的脸，赭色和
粉红色的色调。梳妆是毕加索在那个时代非常喜欢的主题之
一。他知道如何传达女性手势的优雅，以及在这个亲密时刻
的宁静和感性的气氛。

从1905年开始，毕加索的宇宙被照亮了，生活似乎又重新占据了上风。他每天晚上都去梅德拉诺马戏团，那里的杂技演员和卖艺者使他着迷。他当时以他们为榜样。不过，他更感兴趣的是他们的日常生活，而不是表演本身。在相隔4年的3幅画中，可以看到毕加索喜爱的马戏团人物聚集在一起：《丑角和他的女伴》（创作于1901年，下页图）；《卖艺人家》（创作于1905年，跨页图）；《杂技演员一家和猴子》（创作于1905年，下下页图）。穿着格子服装的丑角和斗牛士一样，成为他非常喜欢的主题之一。所有丑角都是伪装的毕加索自画像。对他来说，艺术家是永恒的杂技演员化身。1924年，他为他的儿子保罗画了一幅丑角的肖像（见075页），在他的一生中，从立体主义到古典时期的最后几年，人们可以找到许多丑角的肖像。

小丑们是"玫瑰红时期"毕加索的旅伴：穿着格子服装的小丑、老小丑、两个孩子（拿着花篮的舞者和小男孩）、穿着泳衣的杂技演员和一个坐在角落里戴帽子的女人（跨页图）。丑角和他的同伴在做梦。高更对毕加索的影响表现在被黑色包围的彩色平面上；德加和图卢兹－劳特累克所珍视的苦艾酒饮用者的主题，与忧郁联系在一起，是"美丽时代"的特色，而在这里，忧郁由年轻女子悲伤的目光和蓝丑角沉思的态度传达出来。诗人里尔克在谈到这幅画时写道："告诉我他们是谁，那些比我们还漂泊不定的流浪者们。"在《杂技演员一家和猴子》中，对杂技演员家族的温柔想象证明了毕加索对母性主题的持久兴趣。纤细是"玫瑰红时期"的画中人物特点。长腿猴子那画得像人的手，是艺术家的隐喻，类似的隐喻可以在毕加索1953年创作的绘画作品中找到，主题是画家和他的模特（见124页）。

《手风琴演奏者》(创作于1905年,上图)。演奏者空洞的凝视,以及手风琴的存在,似乎为了表明演奏者盲人的身份。毕加索对盲人主题很是着迷,多次绘制这个主题的作品。在画作中,一个年轻的小丑充当着向导,陪伴盲人。

《演员》（创作于 1904 年，右图）。这幅画的视角是朝向画中演员的身后，而演员在舞台上向看不见的观众进行朗诵，这是不寻常的。他的手势正好与他下方展开的扇形相呼应。

"罗马的狂欢节盛会，常常在狂欢后以凶杀事件收场。第二天早晨，戴着面具的人们（小丑，科伦拜纳或库卡·弗兰切塞）会蜂拥到圣德大教堂亲吻使徒长圣彼得磨损的脚趾。这些人就是让毕加索着迷的人。毕加索笔下身材纤细的杂技演员，在他们光鲜的衣服下，你真的能感觉到这群年轻人的三心二意、狡猾机智、贫穷和善于说谎。"

纪尧姆·阿波利奈尔
《毕加索，画家、素描家》
巴黎，1905 年

第三章
立体主义革命

1906 年底，毕加索 25 岁，他不仅在绘画和素描领域取得极高的成就，而且在雕塑和镌版方面也受人肯定。他刚见过马蒂斯。然而，毕加索潜伏于心的巨浪正蓄势待发，这将使毕加索和他工作中所坚持的信念受到猛烈打击。

────────

《少女画像》（上页图），毕加索在 1914 年的夏天绘于阿维尼翁。这幅充满欢乐气息、缤纷色彩的画作，模仿了毕加索当时创作的壁纸拼贴画的效果。
上图是新喀里多尼亚的女性雕像。毕加索收藏了大量的面具和原始艺术雕像，这些雕像的形状，激发了他创作雕塑的灵感。

1907 年 7 月，正值夏日，毕加索独自一人去了特罗卡德罗的人类博物馆。博物馆内陈列的黑人雕刻和面具，使毕加索受到强烈的震撼。它们伫立在人与自然的关系中，深刻传递出祖先代代相传的直观、真实的感受：害怕、恐怖和欢乐等，并生动地表现出来，让人久久无法忘怀。而这正是毕加索寻求的即时性，他不想"制作艺术"。他不断地寻找这种表达深刻感觉的方式（通过绘画，但也通过其他方式），这必须亲身观察和感觉，单靠拐弯抹角的言语是无法表达的。在黑人艺术中，有这种纯粹的感觉，也有这种简单的形式：简单的几何形状如正方形。一种新的、规范性的雕塑语言：长方形的嘴巴、圆柱形的眼睛、鼻子的洞，等等。一连几天，毕加索花了很长时间在博物馆的橱窗前观察。来自非洲和大洋洲的真正的艺术启示，从现在开始在他身上发生了，直接进入他的作品中，就像打上红色的烙印一样。

挑战、对抗和争议——《亚威农少女》

在 1907 年末，毕加索完成了几个月前就开始的一幅巨大画作。6 米长的正方形画布；在开始之前，他画了数百幅图纸，准备了大量的学习研究。没有人知道这些细节，因为毕加索禁止任何人进入他的工作室，而他独自一人在画室中作画。有一天，当他打开了工作室的大门，让他的朋友参观画作时，朋友们都十分惊讶和震撼，没有一个词能传达他们对新画作的印象。毕加索的朋友们已经习惯于毕加索的绘画风格，一直都是他的第一批捍卫者。但这一次，他们真的难以表达欣赏之情，断然不满意此次的画作，就连伟大的画家马蒂斯都被画作给激怒了！毕加索当时新认识的朋友乔治·布拉克说："你是想让我们吃擦脚的破抹布还是喝煤油？"同样，平时无条件支持他的朋友阿波利奈尔，也在对他的画作进行批评；一位著名的艺术评论家，也在友好地劝说毕加索专注于创作讽刺漫画。

1933 年，毕加索在接受商人卡恩韦勒的采访时说："《亚威农少女》，这个名字真让我恼火！是索罗门取的名字。你很清楚它一开始叫《阿维尼翁妓院》……根据我的第一个想法，这幅画中应该有男人的，你也看过草稿图，有个男学生拿着一个头。还有一个水手；而妇女们正在吃饭，水果篮放在一旁。"

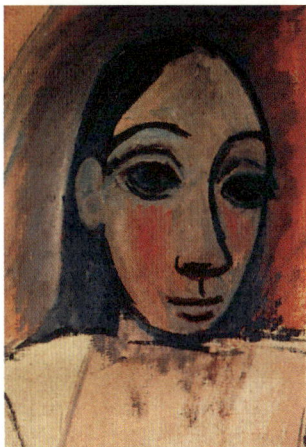

在《亚威农少女》（创作于1907 年，下页跨页图）中，有两个截然不同的头像，左边是一张圆形的脸，线条简单化，灵感来自西班牙早期的伊比利亚雕刻，毕加索特别欣赏该时期的风格（《男人的头》本页右上图）。另一个是一张有条纹的脸，五颜六色的阴影让人想起非洲和大洋洲艺术面具上的条纹。毕加索把原始艺术的启示与塞尚的教导联系在一起。《女人胸像》（本页右下图）和《水手胸像》（本页左上图）就是毕加索进行的众多研究之一部分。

对艺术史家来说，《亚威农少女》是现代艺术的起点，这是第一次有画家敢于与描摹和逼真写实决裂，创造了一个新的绘画宇宙。自文艺复兴以来，"裸体"的表现一直是画家们最喜欢的题材。19世纪，安格尔画了《土耳其浴室》；20世纪初，塞尚画了《浴女图》(下图)。毕加索也接受了挑战，他为这幅画工作了几个月，在许多草图中研究了它的构图，比如右图。

《亚威农少女》这幅画中有两种类型的女性。位于中心的女性，有描边的大眼睛、"8"字形的耳朵，正面的脸中有个侧面的鼻子。毕加索评论道："我故意把鼻子弄歪，这样做是为了让人们能够注意到鼻子的存在。"右边的两个女人与左侧的相比更加棱角分明，带有彩色的阴影。她们的脸违背了对称定律。一位女性有一只黑色的大眼睛，一只眼睛的大小是另一只眼睛的四分之三；另一位女性，她的脸是正面的，但她的身体背对着我们。

这场批评大会中，只有一个例外，那就是名叫丹尼尔－亨利·卡恩韦勒的德国年轻收藏家。他第一眼就爱上了这幅画作，并和毕加索结下了终身的友谊。后来，卡恩韦勒成为 20 世纪一位非常伟大的现代绘画商人。

引起争议的画作还没有名字，但它为 20 世纪一场非常重要的艺术运动——立体主义革命——拉开了序幕。几年后，它被命名为《亚威农少女》。

《亚威农少女》引起的争议并没有严重扰乱毕加索的工作或影响他和朋友的友谊。阿波利奈尔和马克斯·雅各布就像以前一样，几乎每天都在他的工作室里。毕加索开始在正常的时间工作：白天画得多，晚上画得少，这样他就可以在晚上接待来访者或者外出。就在最近，他和费尔南德冒险到了巴黎的另一边，即塞纳河左岸。每周二晚上，他们会裹着长及脚边的厚大衣（1907 年的冬天十分寒冷），前往一家名为紫丁香花园的酒馆。在那里，聚集了一个新的"诗歌和散文"文学团体，当中有诗人和作家，如保罗·福尔、阿尔弗雷德·雅里和阿波利奈尔；当然也有画家、雕塑家和音乐家。毕加索和其他人一样，喜欢这些充满激情的每周讨论，再加上一些暖身的烈性酒，有时他们会交流到早晨才依依不舍地结束离场。

毕加索和布拉克开始画几何形状：立体主义正在兴起

1908 年的秋天，画家布拉克在当季沙龙展出了 6 幅新的风景画作。陪审团对这种新风格感到彻底的困惑。事实上，这些画不仅没有将颜色作为主要的元素，而且还变得沉闷起来；而画的重点就在于简单的几何形状。评审团成员之一的马蒂斯，将其称作"小立方体"。

因为其中的两幅画被拒绝了，布拉克心情不佳，立即撤回了其余的画。幸运的是，卡恩韦勒并没有对这些新风格的画作感到困惑，而他也在自己的画廊里组织了一个布拉克作品的展览。这是立体主义画派的第一次展览。与此同时，毕加索开始在离巴黎不远的乡村作画，和布拉克相同，他用沉闷的绿色和棕色色调，再加上简单的几何形状画人物和风景画。

毕加索和布拉克同样欣赏、共同研究塞尚的作品，其时塞尚刚刚去世，1907 年的秋季沙龙就专门为他举办了一次大型展览。从那一刻起，两位画家密切合作，两人不但是亲密的朋友，生活中彼此关心，而且在工作中能做到相互督促和激励，让彼此的成果越发丰硕。在很长一段时间内，他们两个一直是立体主义运动的领导者，同时也是主要的行动者。

毕加索回到奥尔塔－德圣胡安，但他的目光已经不一样了

1909 年 7 月，毕加索回到西班牙。在夏天里，毕加索需要汲取西班牙独有的滋养活力，于是他和费尔南德启程前往奥尔塔－德圣胡安，这是他的朋友帕利业雷斯居住的一个小村庄，在埃布罗高原上，他 11 年前就住过那里。他已经有十多年没有闻到这些被白色阳光暴晒过的苦涩而强烈的土地气味了。

奥尔塔和 11 年前一样，酷热难耐……但毕加索的目光已经不一样了，他在画布上描绘的风景

乔治·布拉克，上图拍摄于 1910 年克利希大道的工作室。毕加索和布拉克是一对奇怪的朋友，性格截然相反。布拉克后来会说："毕加索是西班牙人，我是法国人。"布拉克冷静、理智、沉默寡言，而毕加索多变、随意、热情奔放。

《奥尔塔工厂》（创作于1909年，下图）。整个表面被切割成小面，有时是浅色的，有时是深色的。工厂的建筑以立方体呈现，其不同的面相互嵌套。毕加索对物体和背景的处理是一样的。

与 11 年前所画的风景几乎没有什么关系，现在的画作更几何、更简单。毕加索现在只保留风景的本质，而不是简单地"复制"它。只要有助于实现目标，所有的自由和创新在画作中都是被允许的。毕加索在自然界中看到的形状变成了像被切割的水晶或被雕刻的石头的坚硬刻面，闪闪发光，这与他钦佩的偶像塞尚的说法非常吻合："用圆柱体、球体和圆锥体来看待自然。"

随着立体画派的出现，毕加索开始为人所知，作品售出，贫穷的日子不复返

毕加索带着大量的画作从奥尔塔回来。他一回来，商人沃拉德就组织了一场毕加索刚完成之作的展览。尽管大众对新的立体派趋势并不看好，但他们还是购买了画作，甚至是大量购入。

毕加索的崇拜者数量大大增加，主要是俄罗斯人、德国人和美国人。此时，毕加索已经摆脱了 3 年前贫困潦倒的状态。

1909 年 9 月，毕加索和费尔南德终于离开了"洗衣船"。他们和饲养多年的暹罗猫一起搬进了克利希大道 11 号的一间广阔而明亮的工作室兼公寓。窗外一片绿意盎然，室内的光线也很充足。穿着白色围裙的女佣正在打扫餐桌，周围摆放着桃花心木制成的家具，以及一架大钢琴……家具装饰的改变是彻底的，生活也发生了巨变：从那时开始，每周日都有大量的客人到访。

毕加索在他的很多作品中都应用了表面的刻面切割，如《费尔南德的头像》（创作于 1909 年，上图）。

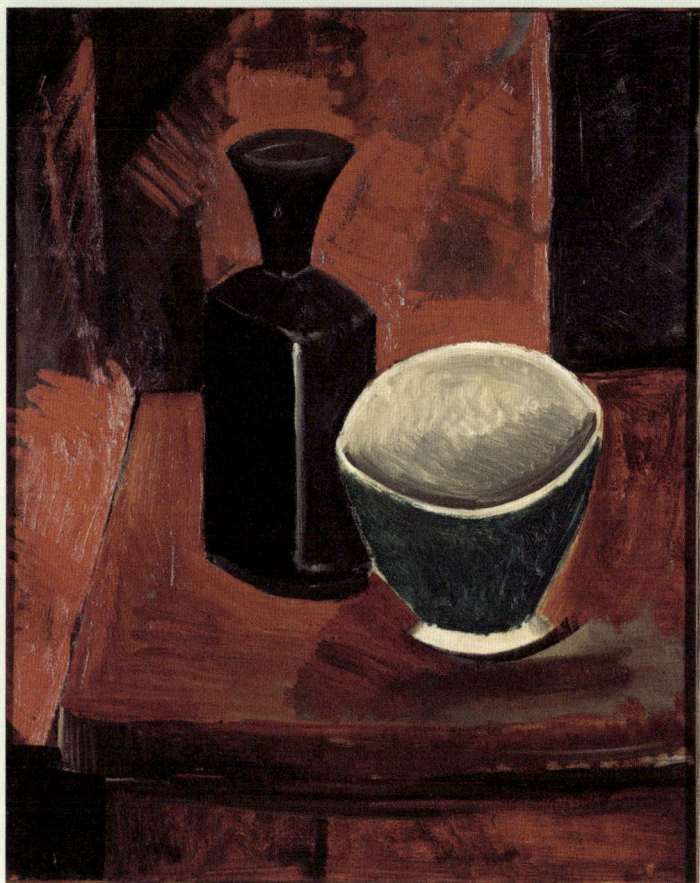

静物是立体主义非常热衷的主题之一。受西班牙传统中"波德格涅斯"风格的影响，由日常物品组成的静物画一般简朴而神秘，可以在这幅《绿碗和黑瓶》（创作于1908年，上图）中感受到。

《桌子上的面包和果盘》（创作于1908年，上页图）。所有的物体都被简化为简单的几何形状：圆柱体、圆锥体、球体。以前，如果我们画一张桌子（就像这幅画中一样），桌子的顶部是看不见的。但毕加索把它画得好像人们可以从这幅画中看到其顶部一样。它打破了透视的所有规则，这也是塞尚在他的静物画中早已开始的画法。

在毕加索1908年的画作《风景中的两个人》里，两个裸体的人物与环境相结合，看起来就像身体融化在树里面。景观和人物的处理方式是一样的，用简化的立体几何图形创作画作。塞尚说："绘画首先是一种光学。艺术的材料就在那里，就在我们的眼睛里。"1908年，毕加索受到塞尚的直接影响而创作了这幅画作。这是立体主义的第一个阶段，也就是所谓的"塞尚立体主义"。

立体派画家不仅对物体的外观感兴趣，还对物体的一切要素感兴趣，比如物体的不同面、物体的轮廓、物体在空间和光线中的位置、物体与其他物体的关系。但怎么样才能在一张画布上把一切都涵盖进去呢？那就得同时将物体的所有面铺在画布上，将不同的物体相互叠加。

《费尔南德的头像》（上页图），创作于 1909 年。从近距离看，脸部似乎是凹凸不平的，断裂的；但从远处看，这种方式可以重建额头的整体、阴影和光线。刚开始这张脸的轮廓是封闭完整的，但到了第二年，毕加索就把它分解成多个碎片。

《沃拉德肖像》（1910 年，右图），在密布的碎片中，我们可以辨认出一个男人的脸部轮廓。毕加索开启了解构形式的道路，而这条路把他带得越来越远。一方面，这是一种理智的绘画方法，它服从绘画的机制，把线与面抽象为一个个碎片；另一方面，画的对象是一个现实的形象。这种矛盾变得越来越尖锐：我们应该保留这种形式吗？

《烟斗、玻璃杯、梅花A、巴斯啤酒瓶、吉他和骰子》（又名《我的可人儿》，创作于1914年）。在这幅静物画中，我们发现了鲜艳色彩，以及如同《少女画像》的点画笔触给人的眼睛造成错觉的立体效果。在这段日子里，毕加索爱上了埃娃，而当时有首时髦的歌叫《我的可人儿》，于是他把乐谱放在他的画作里，在绘画中唱出他对埃娃的爱。他的立体派静物画是由最日常的物品组成的，有小酒馆桌子上的物品如扑克牌、酒瓶、烟斗，当然还有吉他，它的形状让人联想到一个女人的身体。

　　新的变化并不妨碍毕加索在他的新工作室里重建他需要用来包围自己的令人难以置信的零碎混乱：吉他、形状怪异的瓶子、因其强烈的蓝色而选择的玻璃杯、古老残破的挂毯，以及他欣赏的画家——马蒂斯、卢梭、塞尚——的画作，特别是他还积累了越来越多的黑人面具。至少可以说，风格是混乱中的混乱，这是毕加索特有的丛林。他总是说，他讨厌高雅的品位和和谐，他只买他喜欢的东西，不管它能否和现有的物品相搭配。

1910 年的夏天，毕加索和费尔南德没有回到西班牙，而是在比利牛斯山脚下迷人的城市塞雷停留，那里的街道为巨大的梧桐树掩映着，狭窄而凉爽的街道上挤满了骑着骡子从山上下来的农民。朋友买下了一座可爱的小修道院，就在一片杏树和葡萄藤的中间，周围是一个花园，由一条山间小溪浇灌着花草树木。毕加索和费尔南德两人占据了整个一楼。那年夏天，一群艺术家和诗人也来到塞雷。几乎每天晚上，朋友们都聚集在咖啡馆的露台上，在那里聊上好几个小时。当毕加索不说话的时候，他便在大理石的桌子上画画。

毕加索喜欢塞雷，那里靠近西班牙，妇女看上去健康匀称，地平线上能看到无穷无尽的山脉，还有混合着地中海干旱和潮湿两种气候的植物的绿色植被。他连续 3 年回到塞雷度过夏天，但最后一次的夏天，毕加索和费尔南德分手了。

毕加索遇见埃娃。他试验 "剪贴纸" 技术

埃娃的名字叫玛塞勒，但毕加索叫她埃娃是为了告诉全世界，她已经成为他所有女人中的第一位，他爱她。1912 年的春天，毕加索和埃娃离

1912 年，埃娃·古埃尔在索尔格。她的真名是玛塞勒·安贝尔。毕加索和她同住了 3 年，直到这位年轻女子去世。

新的立体派体系对外行来说是很难理解的。布拉克和毕加索很快就感觉到了一种风险：立体主义可能会转变为一种纯粹的美学练习，全然抽象，仅为少数内行人所理解。为了规避这种风险，他们在画布中放置真实的物体，作为与现实相关联的见证。

《藤椅静物画》（创作于1912年，上图）是绘画史上的第一幅拼贴画。在此之前，布拉克首先在他的一幅画中插入了一颗钉子，画布上画着钉子的影子，就像钉子把画布固定在墙上一样。在这幅画中，毕加索在画布上贴了一块打蜡的油布，上面印着藤椅的纹路，而没有真的在绘画中画一把藤椅，这会给人一种错觉。他用真正的绳子当框架。在这幅画的内部，还展示了其他物品，有右上角的一个柠檬片，一个代表扇贝的三角形，一个只用粗略的线条勾勒的透明玻璃杯。玻璃杯的左边，你可以看到字母"JOU"，意思是"日刊"（journal），但也可以是"玩耍"（jouer）。这幅画的本质实际上是一个游戏，图像的游戏。最后，画作中的上部分，是管道和管道炉。

开巴黎，在法国南部滋养他们的爱情。在阿维尼翁以北 9 千米的乌韦兹河畔索尔格，毕加索租了一座小别墅，相当丑陋，唤作"风铃"。布拉克和他的妻子在附近租了栋叫作"美境"的别墅后便加入了他们。在这些阴暗的乡间小房子里，两位画家度过了立体主义的一个丰富多彩的时期。

毕加索重新唤起了他非凡的工作热情。他和埃娃在一起很开心，他写信给卡恩韦勒说："我非常爱她，我会把她的名字写在我的画作上。"他真的就这样做了，"我爱埃娃"被他写在许多立体主义的画作上，就像一种签名，像一个情人把他心爱之人的名字刻在树皮上。

风铃别墅看起来有点灰暗，但里面有漂亮的白墙。毕加索对这个大白墙十分感兴趣，在上面画素描。夏末，他在上面画了一幅巨人的椭圆形画。由于他非常喜欢他的椭圆形画作，他在回巴黎的时候把那带有画的墙面也给带走了。当然，在业主的同意下，给了相应的补偿……

1912 年的夏天，布拉克用从壁纸上剪下来的碎纸片创作了一系列炭笔素描。他在一个彩纸商人那里发现了一些仿木壁纸，将它们剪碎后，粘在一幅炭笔素描上。不久之后，热情的毕加索也采用了同样的工艺，并在秋天创作了一系列剪贴纸画。随后他在给布拉克的信中说道："我用了你的画纸材料和作画技巧。"从那一刻起，剪贴法就像草原里的野火一样蔓延开来。重要的是，剪贴法让毕加索和布拉克重新引入了几乎从立体派绘画中消失的色彩。

立体主义已经成为当时艺术讨论中最重要、最具争议性的话题，但毕加索有意与任何团体保持一定的距离。一年前，也就是 1911 年的夏天，在独立画家沙龙展举行的首次大型立体派画家联合展览，作品被展出的画家有皮卡比亚，德劳内，莱热和马塞尔·杜尚，立体派的创始人毕加索却不在其中。

布拉克和毕加索拿着手边的报纸、壁纸、乐谱，开始把它们剪下来，粘贴在一起，然后把它们组装起来，就像创作于 1912 年的《小提琴和乐谱》（右下图）那样。剪贴纸的使用使他们能够重新把颜色引入画中，并通过叠加不同的平面来暗示一定的深度。此后，毕加索不再满足于画作的平面空间，他还想征服现实的立体空间，如创作于 1912年的立体构图《吉他》（右上图），创作于 1913 年的立体构图《曼陀林和单簧管》（左上图），以及创作于 1913 年的立体构图《小提琴》（左下图）。

《小提琴》，创作于
1913年。毕加索在他
的画布上贴了一个有
缺口的纸箱，用来表
示音箱。小提琴的"听
觉"被写实地画在旁
边。贴在上面的"仿
木"纸张表明小提琴的
材质是木头；小提琴
的形状被用木炭笔画
在报纸的背景上，琴
弦则画在了泛黄的白
纸条上。小提琴的所
有属性都是用不同的
技巧来表现的。

1914 年至 1918 年，第一次世界大战的开始标志着波希米亚人生活的结束

1912 年的秋天，毕加索和埃娃来到了蒙帕尔纳斯，而克利希大道的波希米亚生活和最后的痕迹都被消除了。新的工作室位于舍尔谢街，距离蒙帕尔纳斯和三大巴黎咖啡馆不远，三大巴黎咖啡馆分别是：穹顶咖啡馆、紫丁香花园咖啡馆和圆顶咖啡馆，咖啡馆里汇聚着来自世界各地的艺术家。

1914 年，夏天刚开始，毕加索和埃娃在阿维尼翁，布拉克和画家德兰也在那里。夏天闷热，空气中弥漫着战争的味道，气氛变得沉重而紧张。毕加索刚在 1913 年失去了父亲，而当时这种迫在眉睫的威胁更是增加了毕加索的痛苦。

1914 年 8 月 1 日，法德宣战。第二天，布拉克和德兰应召入伍。毕加索，作为一个西班牙人，没有被动员。他在阿维尼翁火车站的月台上为朋友送行，当时的他坐在那里，心烦意乱，悲伤，焦虑。在告别中，他认为能够确定的一件事是此次送行与平常的分别不一样，许多事情在火车发动的那一刻就已经注定要发生。一战爆发时，立体主义正在蓬勃发展，非凡的可能性即将诞生。

毕加索非常沮丧地回到了巴黎。战争的爆发，让巴黎发生了改变。这座城市已经人去楼空，艺术家团体也解散，蒙帕尔纳斯改变了面貌。布拉克、阿波利奈尔、德兰和莱热，毕加索

一幅布上完成的画作，《画家和他的模特》（创作于 1914 年，下页图），标志着毕加索回归具象。裸体模特是他的伴侣，埃娃。这种画家、模特和画布之间的对抗是创作的"原始场景"，是毕加索作品中反复出现的主题的首次具象表现。

"埃娃在疗养院住了将近一个月，她做了手术，但我还是很担心她的身体状况。现在的她，似乎好多了，我会更频繁地给你写信。我要给你一个关于火炮的好主意，火炮像加农炮一样，只有飞机才能看到。即使它们被涂成灰色，它们的形状也会保持不变；它们应该被涂上鲜艳的颜色，点缀上红、绿、黄、蓝、白，就像个丑角一样。"

毕加索
写给阿波利奈尔的信
1915年2月7日

最亲密的朋友们都被卷入了战争。在战争的岁月里，毕加索只能等到军队休假时，才能看到一两个他的朋友。

在战争的动荡中，毕加索因为爱人的死备受打击

由于马克斯·雅各布的身体原因，他是唯一一个没有入伍的。但是，马克斯也逐渐发生

上图是马克斯·雅各布。

了变化，变得有点亢奋，有点神秘。他还想去修道院，身为犹太人的他，在 1915 年的冬天接受了洗礼；随即他便有了个新教名：西普里安（Cyprien）。毕加索成了马克斯的教父，他送给他的教子兼永远的朋友一本《效法基督》，并在上面写道："致我的兄弟西普里安·马克斯·雅各布，纪念他的洗礼，1915 年 2 月 18 日，星期四，巴勃罗·毕加索。"

1915 年的那个冬天，一场悲剧即将来临。埃娃病了，性命垂危，在经历了可怕的痛苦后，埃娃死于肺结核。蒙帕尔纳斯的痛苦气氛、生动回忆以及与公墓距离之近，让毕加索决定离开舍尔谢街，搬到巴黎郊外蒙鲁日的一所小房子里。

当毕加索还在舍尔谢街的时候，他在楼梯上遇到了一位放荡不羁、才华横溢的诗人：让·科克托。热爱毕加索作品和立体主义的他，看起来急匆匆的，正飞跑上楼。科克托与俄罗斯芭蕾舞团有联系，并和他们著名的编舞家谢尔盖·德·加吉列夫有合作。1917 年的春天，他请毕加索为加吉列夫的下一次演出设计服装和布景。并表示为了这项任务，毕加索必须去罗马，那里是剧团的所在地。音乐家埃里克·萨蒂将负责作曲。毕加索接受了这个工作，并于 1917 年 2 月动身前往罗马。

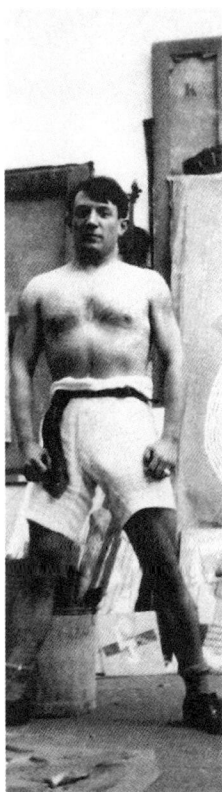

上图，1915 年，毕加索在他的画室里。

第四章
走向成名

1917 年的罗马，仍然有阳光和罗马人的欢乐，罗马是如此的美丽！那里有带涡卷形装饰的巴洛克式建筑和宏伟的教堂；在神秘的礼拜堂中，大理石雕像闪耀着光芒；还有古代公共集会的广场，以及米开朗琪罗和拉斐尔！毕加索眼花缭乱地走了一整天，然后坐在了威尼托大道的咖啡馆里，仿佛有孔雀扇羽上的千只"眼睛"般把罗马尽收眼底。

————

《椅上的奥尔嘉》（上页图），1917 年。毕加索回到了古典和具象的绘画风格，但他故意让这幅画不完整：扶手椅的布料好像是一张张贴画，贴在了旁边。
上图创作于 1920 年，是为芭蕾舞剧《普钦奈拉》设计的服装。

在创作于1917年的芭
蕾舞剧《游行》的舞台
背景（跨页图）中，你
可以看到毕加索所珍视
的主题：丑角和杂技演
员，以及在20世纪30
年代会再出现的带翅膀
的白马和梯子。

在战争和埃娃之死给毕加索带来了多重悲伤之后，他在罗马感受到
新的愉悦，以及一种不同性质的震撼。首先是古希腊和罗马的雕像人物，
还有一群才华横溢的舞者，他们奇妙的舞动和强大的身体，使他体会到
无与伦比的身体之美。在20世纪的前25年，谢尔盖·德·加吉列夫的
古典舞团无疑是他那个时代最非凡的古典芭蕾舞团。

加吉列夫的新舞剧《游行》是大胆的、坚定的现代主义，把毕加索、

科克托和埃里克·萨蒂聚集在一起，汇集了现代运动最前沿的艺术家来为舞蹈服务。

  1917 年 5 月 17 日，在巴黎的沙特莱剧院举行的芭蕾舞剧《游行》没有受到大众的热烈欢迎。然而，在这第一次演出中，纪尧姆·阿波利奈尔第一次对毕加索和科克托创造的人物说了一个奇怪的单词："超现实……"在未来，这个词将会流行起来。

毕加索对舞蹈着迷，爱上了加吉列夫剧团的一位舞者奥尔嘉·科赫洛娃

几个月后，加吉列夫带着整个剧团去了巴塞罗那，毕加索陪着他们。巴塞罗那是他的城市，他在那里受到老朋友们的热烈欢迎。他的妹妹萝拉那时刚刚嫁给了一位医生胡安·维拉托，她的母亲和他们住在一起。毕加索住在港口附近的一个小房间里，又开始画画了。奇怪的是，他的画布上创作的东西与立体主义相去甚远；相反，它们是传统的形式，看起来完全像现实写生一样。这个新的现实主义阶段，最引人注目的画作是一幅奥尔嘉的肖像画，毕加索在这幅肖像画中倾注了他所有的情感。画里有一幅非凡的肖像、一张严肃的脸、一把西班牙扇子和一把扶手椅。那些认为毕加索是古典美学之敌的人，看到这幅肖像画，不得不承认他们错了。

俄罗斯芭蕾舞团离开巴塞罗那前往南美洲，而奥尔嘉·科赫洛娃决定和毕加索一起留下。在 1917 年的秋天，他们一起回到巴黎，住在蒙鲁日的小房子里。奥尔嘉法语流利，她喜欢毕加索用浓重的西班牙口音给她讲奇幻故事。

1918 年 7 月 12 日，毕加索和奥尔嘉在达吕街的俄罗斯教堂举行了婚礼。证人是阿波利奈尔、科克托和马克斯·雅各布。婚后

《埃里克·萨蒂的肖像》（下图），创作于1920 年。50 岁的萨蒂比毕加索大 15 岁，是一个举止、音乐风格都很怪诞的人物。多亏了他的朋友德彪西和拉威尔，他才在那几年中为人所知。

不久，奥尔嘉和毕加索就搬进了拉博埃西街的一套巨大的两层公寓。新家位于第八区，位于巴黎上流社会区域，特别是圣奥诺雷大街——聚集众多皮草精品商店，就在新家附近。同样地，新家的布景再一次完全改变了，而且生活方式也发生了转变。毕加索现在穿着西装裤子，拿着手杖，三件套的西装在他的衣橱里堆积如山。奥尔嘉把起居室和餐厅布置得很漂亮，室内有大量的沙发椅子来接待受邀请的众多客人。毕加索在楼上建立了工作室，放置他杂乱无章的物品，如他的绘画作品，他刚拥有的所有卢梭、马蒂斯、塞尚、雷诺阿的画作收藏品。

结婚后，毕加索就住在美丽的社区，他的日常生活也发生改变

现在，朋友们说："毕加索经常活动在美丽的社区。"事实上，的确，毕加索开始了一个新的、上流社会般的社交生活，有豪华的招待会和晚餐，到处邀约众人到家里参加豪华宴席。宴席盛会上专业时尚的仆人提供的服务可谓完美，新朋友对他们没有任何不满，简直就是无可挑剔……这一次，毕加索一家的生活方式和生活背景是真真切切地改变了。

但是，自从毕加索在上流社会街区中活动后，就很少看见他的老朋友。布拉克刚从战争中回来，不幸的是他的头部受了重伤，身体和情绪都不太

《让·科克托的讽刺肖像》（上图，创作于1917年）。科克托是毕加索的新朋友。

稳定，对毕加索的新生活方式十分不赞成，更重要的是，毕加索让他感到厌烦。阿波利奈尔回来时也受了重伤，并在 1918 年 5 月结了婚。当每个人都认为他快要恢复健康的时候，这位诗人染上伴随停战而来的可怕的西班牙流感，病逝于 1918 年 11 月 11 日。在那一天，街道上正挂满了象征胜利和欢乐的旗帜。

那天，毕加索在里沃利街的拱廊下散步，当他穿过人群时，突然一阵风把一个战争寡妇的黑色面纱吹到了他脸上！在那瞬间他有了一种不祥的预感，急忙赶回了家。几个小时后，他便得知他的朋友去世了。这是一个可怕的打击。毕加索失去了从小到大相伴的、最通情达理的朋友，生命中的一个时代也正在分崩离析。他真的很伤心。当他从电话中被告知他朋友死了的那一刻，他正站在镜子前画自画像。随即他便放弃了这幅画。从那一天起，他再也不会为自己画像了。

《阿波利奈尔的画像》（创作于 1916 年，上图）。毕加索仅用线条画出他穿着军装、刚从战争中归来的诗人朋友：纪尧姆·阿波利奈尔。阿波利奈尔的帽子遮住了他前额伤口上的包扎绷带。

"我以自认为合适的方式说话。"

毕加索不仅改变了自己的环境和生活方式，还更换了画作经销商。战后不久，法国出现了强烈的爱国和反德气氛。立体派绘画被扣上了"德

国佬"的帽子。居住在法国的德国人的财产被没收。卡恩韦勒是毕加索10年来的合作商和朋友，他也是德国人。一夜之间，他所拥有的著名的立体派收藏品被拍卖掉，作品也散落于全世界，画廊也关门了。

1918年，毕加索的新合作商叫保罗·罗森伯格。他提倡一种更现实的艺术，一种更有吸引力的艺术，一种更容易为公众所接受的艺术。他在圣奥诺雷郊区的画廊组织展览。

对一位40岁的艺术家来说，毕加索画作的价格已经很高了。毕加索正在变得越来越富有。

渐渐地，我们在他的新画作中看到了一种以前从未见过的风格：披着衣服的人物，古代神话传说中的女神，巨大的身形，静止的雕像躯体。这些都是沉重而坚定的写实主义绘画。在他的绘画的爱好者中，一些人强烈批评他风格的转变，指责他背叛了立体主义。

对于那些指责他为了谋取利益而在风格上进行改变的人，毕加索在一次采访中回应说："每当我有话要说的时候，我以自认为合适的方式说话。"毕加索并不像普通人改变衣服或想法那样改变风格；相反，他是为了满足内心一种深层需要而进行改变。内心不断涌现的思想，召唤着这种形式的多样性，借由他的绘画风格表达出来，而表达的正是一个强烈的、最公正、最恰当的概念。事实上，在整个这段时间里，毕加索以现实主义和立体派绘画两种方式创作。

在毕加索的一次展览上，阿波利奈尔在一篇文章中写道："关于毕加索，有人说他的作品证实了他过早的幻灭。我不这么认为。在我看来，他所有的魅力和不容置疑的才华仿佛都是为一种幻想服务的，这种幻想恰恰将美妙与恐怖、卑鄙与精致融为一体。"

《沙滩上奔跑的女人》（跨页图），创作于1922年。这两个在海边戏水的女人有着巨人的身体，她们的脚似乎在撼动着大地。然而，她们在奔跑，带着芭蕾舞演员的优雅和气势陶醉在自由的空气中，仿佛那一刻超越了时间的概念。在20世纪20年代，毕加索会定期去海边。他被戏水女人的身体和姿态迷住了，在画作中，他对她们进行了一番神奇的改造。这幅水粉画被用作科克托和达律斯·米约的芭蕾舞剧《蓝色列车》中的假日列车的背景幕布模型。后来，毕加索在罗马逗留了一段时间，因此他对帝国时期的罗马雕像印象深刻。其中，运动员、勇士和女神的雕像散发出的威严，启发了他对人体的看法。毕加索在那个时期所创作的戏剧背景幕布，与古罗马时期宏伟、不朽的造型相结合。

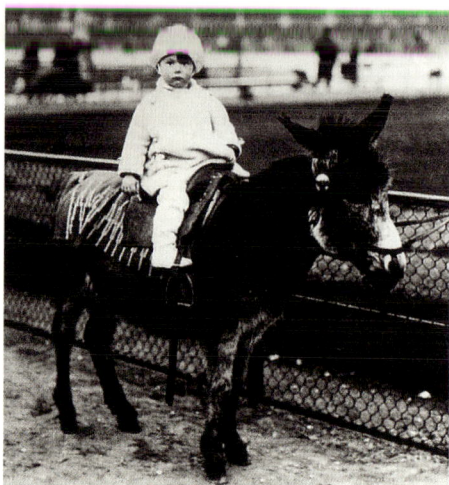

左图是毕加索为他3岁的儿子保罗拍摄的照片。他还画了一幅同样场景的作品。

保罗·毕加索：巴勃罗·毕加索的长子

保罗生于1921年2月。那一年，毕加索在枫丹白露租了一栋舒适的大别墅。他很爱他的儿子，同时也很爱奥尔嘉。但他对自己中产阶级家庭的父亲的新角色并不完全满意。他对奥尔嘉的爱一点也没有少，这可以从他画的奥尔嘉哺乳或弹钢琴的画中看出。他向前来看望他的朋友们吐露，他想购买一盏路灯和一个尿壶，用来打破眼前的体面，置身于大草坪上。

然而，这是真的，他为他的儿子疯狂！他喜欢看他长大，喜欢和他一起玩。一天，在拉博埃西街，他自娱自乐地装饰了保罗的一辆微型汽车。他在车厢底板上画了一个漂亮的彩色棋盘来完成他的作品。但保罗看见后，放声大哭："一辆'真正'的汽车底部哪有这样的棋盘啊？"这让毕加索感到尴尬不已！

早在1914年，毕加索就回到了更为传统的对现实的绘画创作中。对此，艺术界一致高呼：毕加索放弃了立体主义。当毕加索在1919年、1920年和1921年展出了被评论家称为安格尔式素描（受安格尔启发）的画作和绝对古典主义的作品时，这种呼声变得越发喧嚣起来。但毕加索关于风格问题上的回应也很激烈："打倒风格！老天爷有风格吗？他创作出吉他、小丑、短腿猎犬、猫、猫头鹰以及鸽子，就像我一样。如果老天爷有风格的话，那为何在大象和鲸鱼之外，还要创造出不同风格的大象和松鼠呢？简直就是一团糟！他创造出许多不存在的事物，我也是。他甚至创造出绘画，我也是。"

这幅画作是毕加索创作于 1924 年的《穿小丑服的保罗》（右图）。画中保罗的腿上明显有修改的痕迹，平淡的背景，加上精确清晰的细节，这让人想起创作于 1917 年，背景为同一张扶手椅的画作《椅上的奥尔嘉》。保罗形象的不真实感，因其腿部的弯曲以及其姿势的不稳定而得到突出。这幅画的流畅外观和细腻的线条证明了毕加索在这一时期对古典主义的掌握，也令人将该肖像画与戈雅或雷诺阿为皇室子女所创作的肖像画联系起来。

夏天，毕加索、奥尔嘉和保罗常常要离开巴黎三四个月。有一次，毕加索为了避暑回到巴黎，发现衣柜里存放的冬季套装处于一种奇怪的状态，它们像落叶一样悬挂着，变得透明，只有羊毛纤维的痕迹。蛀虫吃掉了衣服上可以吃的东西！通过虫洞的间隙，就像观察 X 光片一样能够看见口袋里的钥匙、烟斗、火柴和其他经受住蛀虫袭击的东西。毕加索对这场景非常着迷。绘画的透明度问题一直困扰着他。从立体主义开始，他就十分渴望看到事物表面的背后，于是他就把它们的形状分开了。而这一次，就好像是大自然向他展示了如何做到这一点。第二年的夏天，在布列塔尼，毕加索的画布上出现了一种新的立体派静物画：透明的光线侵入整幅画作，条纹给人一种流动的感觉，就像穿过水流一样。一种过滤出来的透明条纹，仿佛是阵阵光线穿透百叶窗……

第五章
天才的孤独

直到 1925 年春天，多年来，毕加索一直以古典的风格创作。是的，全是古典主题的画作！这并不奇怪。其中很多是全家福、奥尔嘉、保罗……突然，在 1925 年 6 月，出现了一幅让人震惊的画作——《三人之舞》，让评论家们彻底目瞪口呆。

《三人之舞》（上页图），创作于 1925 年。画中三个人物有着错位的身体、鲜艳的色彩以及令人惊愕的动作。左边的女人，她的头颅是向后仰的，一条腿抬起，一个乳房在空中；中间的女人，像是被钉在十字架上，举起了双臂；右边的男人，有着黑色的侧脸，他那形状像钉子的手抓住了对面女人的手。

上图是 1937 年曼·雷拍摄的毕加索。

这幅咄咄逼人的新画作展现出前所未有的暴力。画作中的身体，像是被折磨一般，也像是因被火烧或精神错乱而变形。毕加索使用的颜色十分激烈，画中舞者看起来四分五裂，五官分布在各个方向。在某些方面，这幅画触及了噩梦和纯粹的怪物：可怕的面孔，像马毛一样的头发，像钉子一样的手指……和《穿小丑服的保罗》相去甚远！

的确，在一段时间内，某种沸腾情绪一直在毕加索心里埋伏着。一股黑暗的怒火在他心中熊熊燃烧，他的婚姻似乎在误解和疏远中摇摇欲坠。毕加索的画作对奥尔嘉来说只有世俗的价值；她专横的性格，凡事极其注重礼节和组织协调，这使得毕加索濒临疯狂。他觉得自己就像在监狱里，十分想挣脱锁链。最后，终于爆发了。

奥尔嘉并不是这场爆发的唯一根源。这次分手还源于另一件事，一场关于文学、文化的超现实主义运动，自 1924 年以来就像一股洪流一样涌动。

当毕加索想要强烈地表达一种感觉时，无论是激烈的还是温柔的，这种感觉总是会出现在画作中。《三人之舞》激起了一股真正的冲击力，有崇拜的人，也有强烈反对的人。但任何关注毕加索作品演变的人都能感觉到，这幅画作代表着他与以往习惯风格的决裂，一种不可预测的、具有挑衅味道的趋势逐渐形成。

超现实主义说："美会引起惊厥。"毕加索对此表示认同

战争产生了多方面的影响。艺术，也不能幸免。在某些情况下，它激起了一些人在立体主义绘画暴力感下的厌战反应；同时，它也促成了达达运动的诞生。不过，毕加索觉得最直接的影响结果是超现实主义运动。

运动的发起者是保罗·艾吕雅、安德烈·布勒东、菲利普·苏波以及路易·阿拉贡。如果阿波利奈尔还活着，那他也会是他们中的一员……他们想组成一个能够解释所有现代思想的团体，打着"我们需要

布勒东的肖像，摄于
1924年。安德烈·布
勒东在《超现实主义
宣言》中为超现实主
义诗歌奠定了基础，
即探索无意识，寻找
一种摆脱"现实"约
束的新语言。为了向
发明这个词的阿波利
奈尔致敬，超现实主
义诞生了。

一个新的人权宣言"的口号，创办了名为《超现实主义革命》的杂志。第一期杂志中，就有毕加索1914年的"结构"系列画作的其中一幅。超现实主义团体主要由诗人和画家组成，这场运动是真实的、伟大的、丰富的，在现代运动中具有越来越重要的意义。超现实主义者想要通过探索梦中深处的、潜意识的风景，来深入到艺术创作的根源，这是波德莱尔、马拉梅或洛特雷阿蒙等诗人已经尝试过的理念。但由巴勃罗·毕加索放手实践。

安德烈·布勒东写道："美要么会引起惊厥，要么不会。"当时有哪一幅画作能比毕加索的《三人之舞》更好地表达这些话呢？布勒东对"超现实主义"一词的解释是："通过毕加索，我们同意某种心理的自动性，这与做梦的状态相当吻合。"毕加索怎么会不被新兴的超现实主义所吸引呢？他从不停止画画，从不停止观察事物之外的东西。他从不描绘事物"现实"中的实体，而是描绘事物"超现实"的状态。这正是安德烈·布勒东所说的"心理模型"。

毕加索是20世纪极其伟大的雕塑家之一，他尽自己所能尝试了各种的雕塑形状以及不同的新材料和新技术。他有时塑造石膏，有时切割木头，有时裁剪纸板、金属板……《花园中的女人》（上页图）是用铁丝和切割的金属板制成的，这是毕加索与西班牙雕塑家胡利奥·冈萨雷斯合作的成果。毕加索还将偶然发现的物品组合起来，从而为整个现代雕塑提供了尽可能多的可能性。

创作于1934年的《手持叶片的女人》。在20世纪30年代，毕加索开创了一种新的方法，把物体、材料的形状或纹理加以利用发挥。他先把石膏倒进一个长方形的盒子里，打出三个洞，表示眼睛和嘴巴；然后把石膏倒进另一个瓦楞纸箱里，那柱子上的凹槽就像衣服的褶皱，叶片清晰的脉络为这个雕塑注入了强劲的生命力。

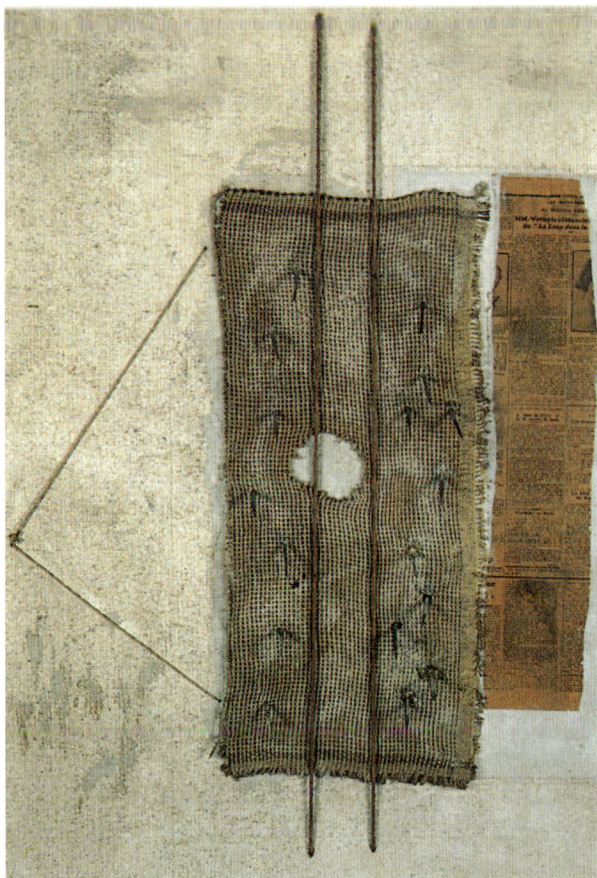

《吉他》，创作于1926年。一个有洞的粗抹布、绳子、钉子和一张新闻纸组成了一把吉他。这幅作品的主旨是如此咄咄逼人，毕加索甚至想用刀刃把吉他给包围起来，这样任何想要触摸它的人的手指就会被划破。

　　1926年的春天，他开始制作《吉他》系列，作品由粗糙的织物、细绳、旧钉子或毛衣针组成，整个画面让人感到强烈的进攻性。打破和谐、良好的品位以及规则，物体的现实功能也被改变，这是毕加索实现超现实主义的方式。

　　尽管超现实主义团体吸引了他，让他很感兴趣，但它并没有让他发现任何新的东西：毕加索并没有受到这场运动的影响去创作超现实的作品！实际上，他更被团体中的诗人而不是画家所吸引，他们也成为他的朋友，如皮埃尔·勒韦迪、安德烈·布勒东、菲利普·苏波。在1925年和 1926 年的这段时间里，超现实主义的兴起只会加强他内心已经酝酿了一段时间的暴力和分裂运动。一切都将发生变化。

一个新面孔、新模特、新女人，玛丽－泰蕾兹，毕加索喜欢画的模特

在 1927 年 1 月的一个寒冷日子里，毕加索在老佛爷百货附近遇见了 17 岁的玛丽－泰蕾兹·瓦尔特。当他告诉她，自己的名字是"毕加索"时，她睁大了眼睛，竟然对这个名字一无所知。然后，毕加索疯狂地坠入爱河。

玛丽－泰蕾兹出奇的美丽，那种美丽，是平静的、深沉的、雕塑般的、深思熟虑的。她非常独立，思想自由。毕加索立刻对她说："我们要一起做伟大的事情。"从那以后，他就开始不停地画她美丽的脸庞。他给玛丽－泰蕾兹找到了一个离他家很近的住处，在拉博埃西街……但这段热烈的恋情多年来一直是个秘密。

照片是玛丽－泰蕾兹·瓦尔特，拍摄于 1929 年夏季的迪纳尔。

玛丽-泰蕾兹·瓦尔特，创造了一个新的、正式的、丰富多彩的词汇。毕加索将女性的性欲与有机植物的受精结合在一起，在画作中，两个梨子或苹果形状的乳房，宽阔的绿叶，以及被鸡蛋包围的豆子形状的头部，唤起人们对生育繁殖能力的思考。艺术史家让·莱马里说："这张躺着的裸体画作是华丽的沉睡女性系列作品中的一员，在植物的纵容下，睡眠的放松巧妙地传递出来自情色的愉悦。"

多年来，通过毕加索的绘画和雕塑，人们能够看到玛丽－泰蕾兹的脸和身材，以及在他对她的爱的基础上所画出的优美线条和完美的丰满。这导致了伟大古典风格的复兴，例如，他的"沃拉德系列"版画，大约由100块印有简单线条的版画组成。他就像一位雕刻家在大理石上雕刻他的雕塑一样，描绘了神话人物中的众神和英雄。

一个和毕加索的和平与幸福相协调的地方：布瓦杰鲁庄园

1931年，毕加索在巴黎附近买下了一座迷人的17世纪豪宅。它就在美丽的布瓦杰鲁村的边缘，距离厄尔河流域的日索尔大约10千米。进入豪宅的大门，首先看见的是优雅的哥特式小礼拜堂，再往深处走，则通向一个大庭院，庭院之后便是一个巨型的浅灰墙面、深灰屋顶的豪宅。但最吸引毕加索注意的是一长排马厩，他立即在那建立了工作室以及从事雕刻的作坊。之后，他还遇到了版画家路易·福尔和雕刻家冈萨雷斯，两人都推动了他恢复版画和雕塑的工作。

那一年，毕加索很高兴，他在布瓦杰鲁找到了一个可以工作的静修之处，在那里他可以全神贯注地工作，这是他保持幸福的必要条件。这种重新发现的幸福，即使玛丽－泰蕾兹不在身边，即使他们的感情处于秘密状态，也同样催生了大

《女人胸像》（上图），创作于1931年。这个大鼻子延伸到前额头的青铜雕像，其原型是玛丽-泰蕾兹。它是在布瓦杰鲁庄园的雕塑作坊——高高的马厩——里创作出来的。毕加索在他圆润丰满的新模特身上吸取灵感，凭借雕塑、绘画和版画来向世人展示玛丽-泰蕾兹的性感优雅。

量的雕塑作品，全是参考玛丽－泰蕾兹制作的各种头像变体。毕加索从冈萨雷斯那里发现了铁赋予雕塑的新可能性。拼贴画已经揭示了将真实物体组合在一起可能产生的意想不到的东西。在堆填区精心挑选的废铁片、弹簧、盖子、漏勺、螺丝钉和螺母等任何东西都可以结合起来，重新组装利用。有时毕加索拿起口袋里的小刀，把长长的木头切成人形，然后用青铜铸造成雕塑。

在困难的时候，永远忠实的朋友萨瓦特斯陪在身边

毕加索居住在布瓦杰鲁的日子是一个幸福时期，但也是暴风雨之前的平静，他与奥尔嘉的关系变得越发难以忍受。1935 年 6 月，毕加索多年来第一次没有和家人离开巴黎过夏天。他让奥尔嘉和保罗离开，而自己逃离了世俗，独自待在家里。之后，奥尔嘉就再也没有回来过，另一边，玛丽－泰蕾兹正在待产中。

他写信给他的朋友萨瓦特斯："你可以想象到，我之前发生的和未来将要发生的事情。"毕加索经历的孤独已经比天才不可避免遭受的还要多。为了逃离他这 10 年来优雅却又空虚的世界，他躲起来工作，这是他唯一的安慰。友谊和感情对他来说一直是不可或缺的。如今，他独自一人向萨瓦特斯求助，请萨瓦特斯到巴黎来帮助自己，和自己一起度过这段艰难的时光。萨瓦特斯立即登上了火车。从萨瓦特斯到达圣拉扎尔火车站的那一天起，直到毕加索去世，他一直是毕加索最亲密的朋友和知己。

几个月后，玛丽－泰蕾兹给毕加索生了一个女儿：玛雅。她的真名是玛丽亚·德拉·康塞普西翁。毕加索想用这个名字来纪念他的妹妹康塞普西翁，她很久以前就在拉科罗涅去世了。

毕加索的灵魂和血液被深深打上了西班牙的烙印，他是一个纯粹的狂热者，是杰出的斗牛画家。他最久远的记忆把他带回了马拉加的斗牛场，那时是他父亲把他带到了那里，他最早的作品就是关于这个主题的。每一次的西班牙之旅都是接触新斗牛表演的机会，这两幅画就证明了这一点。色彩鲜艳的动态表演、强烈的光影对比，最重要的是在一场悲壮的战斗中人与动物之间的血腥仪式，这一切都深深吸引了他。

在创作于1933年的《斗牛：斗牛士之死》（跨页图）中，黑牛疯狂地顶起穿着鲜艳的受伤斗牛士和被开膛破肚的白马，白马的长脖子在痛苦的尖叫中扭动。斗牛士坠落的眩晕和斗牛的狂躁状态暗示了毕加索对"斗牛"主题的喜爱，这在同年的另一幅画作《斗牛：女斗牛士之死》（087页图）中也可以发现，后者整体上用了柔和的色调，画的是女斗牛士和母马被顶着尖角的公牛撞击。

"牛头怪"是毕加索创造的一个词，并且他还惯于从怪和斗牛这两个主题结合在一起。在著名的版画《米诺托之战》（跨页面）中，牛头怪威胁着一个拿着蜡烛的小女孩，另一个留着胡子的人爬梯子逃走了，而这一幕发生在海边。在中间，一匹受惊的母马驮着拿剑的女斗牛士，两个带着一只鸽子的年轻女孩从窗户中看着这个奇怪的场景。这幅版画描绘了以牛头怪为代表的邪恶黑暗力量与以小女孩为代表的善良光明力量之间的战斗。在希腊神话中，牛头怪是克里特岛女王帕西菲和一头从海里出来的公牛的儿子。他有男人的身体和公牛的头，半人半神。在这幅画作中，除了有令毕加索着迷的神话，他还加入了他的国家的神话——斗牛。斗牛，是一场人与动物之间悲惨而致命的搏斗，公牛是一种象征力量的动物，同时也是这场搏斗的牺牲品。毕加索经常把自己和牛头怪联系在一起，并评论说："如果你把我走过的所有路线都标在地图上，然后用一条线把它们连接起来，那可能就是牛头怪。"

这时毕加索开始写诗

日常生活变得越发复杂。有奥尔嘉和保罗，有玛丽－泰蕾兹和小玛雅，即使毕加索付出高昂的代价去聘请律师也无法让他与奥尔嘉离婚，因为奥尔嘉不愿意签字。毕加索陷入困境，失去了镇定和注意力。最重要的是，他无法工作了。他在一封信中写道："这是我一生中最糟糕的时光。"秋天，他逃到了他的住所兼隐居地布瓦杰鲁。在那里，他秘密地开始写作，只为了他自己而写作。

下图是毕加索1929年在拉博埃西街画室里的照片。在地板上，你可以看到1928年《开更衣室的女人》的小画布。

《开更衣室的女人》（左图）。1927年至1929年间的画作描绘了奇怪的、扭曲的、神秘的女性形象。女性的身体被分解，变得怪诞或具有威胁性。这是他作品中最著名的元素，也是引起最多公众争议的元素，因为毕加索亵渎了绘画中最神圣的女性之美。

那几个月里，他在小笔记本上写的东西，从来不给任何人看，只要有人出现，他就把这些东西藏到一旁。然后，渐渐地，因为交流的需要，他把自己作品的片段读给亲密的朋友听。在布瓦杰鲁，他早期的一些作品总是用一种艺术代替另一种艺术，他开始写画和画诗，用各种颜色来表现他诗歌中的物体和文字。同时他还开始用自己的方式，在文字里加入视觉上多彩的、强烈的标点符号。

这就像他以前做剪贴画一样。他把诗中的词句当作剪纸，把画布的颜色当作标点符号来分隔句子。文字犹如画家笔下的色彩，词汇所用的颜色，让文字能够发出声音，使文字放声歌唱。毕加索非常喜欢这种形式，越发喜欢写作。布勒东是很早就热情接受毕加索诗歌的人之一，而且在《艺术笔记》的特刊上刊登了几首毕加索的诗歌。

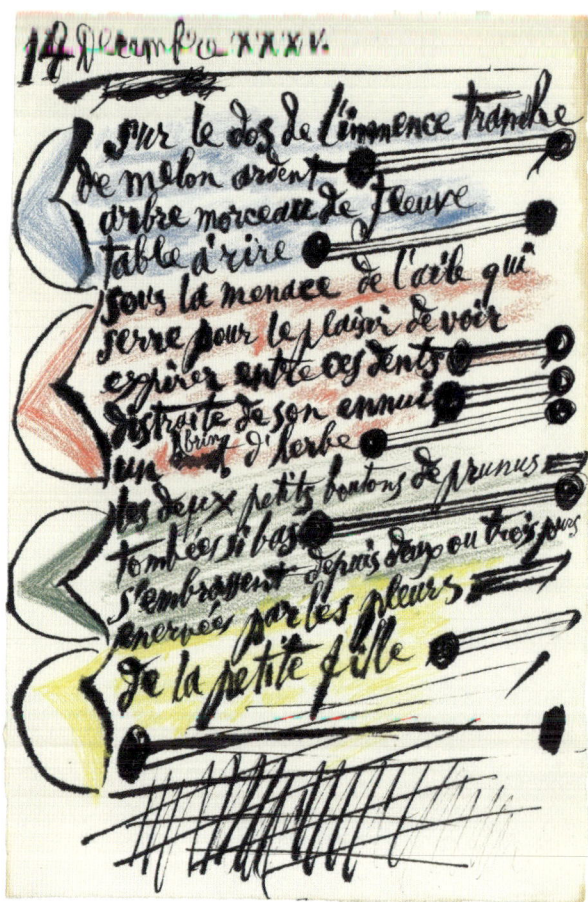

从 1935 年 3 月起，毕加索停止绘画创作长达 8 个月，开始写诗（上图，《巨大而炙热的甜瓜片背面》，创作于 1935 年）。毕加索一直对各种形式的写作充满热情，"'如果我是中国人，'毕加索说，'我不是画家而是作家，我会写我的画。'"克劳德·罗伊在 1956 年的报道中说。

"毕竟，所有的艺术都是一体的……你可以用文字写出一幅画，就像你可以在一首诗中描绘情感一样。"（罗兰·彭罗斯，创作于 1982 年）这句话的含义与上图毕加索画的诗不谋而合。

右图是创作于 1938 年的《抱着洋娃娃的玛雅》。画中玛雅的一只眼睛是端正的，而另一只眼睛是倾斜的；她的鼻子是以侧面视角画的，有两个鼻孔，下方有个大嘴巴……毕加索重新采用立体主义绘画的手法，同时从两个角度来表现她。尽管画中图案有变形，但人们还是很容易认出画中主角是玛丽 - 泰蕾兹和毕加索的女儿玛雅，毕加索把年仅 3 岁的小玛雅画入画中。在这幅混乱的画中，只有洋娃娃是以传统的方式被描绘出来的。

1936 年，西班牙内战爆发：毕加索大受震惊，并支持西班牙共和党人

1936 年 3 月，毕加索与玛丽 – 泰蕾兹以及玛雅一起前往胡安松林。他再次感到心烦意乱，心情阴沉。他仍然不能画画，这使他陷入了深深的眩晕之中。萨瓦特斯曾在 6 个星期里收到混乱、悲观又相互矛盾的信件："我现在写信告诉你，从今晚起，我将放弃绘画、雕塑、雕刻和诗歌，我将全身心地投入歌唱中。"几天后他又收到了信件："我要继续工作，不管唱歌和一切事情。"毕加索的心情变化无常，充满了困惑和不安。外在的平衡被打破，以致他不能像往常一样平静地工作。而这一次，让他不能平静工作的是世界大事。

1936 年 7 月，西班牙爆发内战。共和党人反对佛朗哥将军领导的法西斯政党。毕加索一直都是自由的拥护者。随着西班牙战争的爆发，他的国家和同胞受到战争的威胁，他毫不犹豫地站在共和党一边。欧洲各地都成立了盟军，与西班牙共和党人一起捍卫自由，毕加索的许多朋友也奔赴西班牙战场为自由而战。

在纳粹恐怖即将降临欧洲的时候，西班牙内战则是一片乌云盖顶。在整个欧洲，头脑清醒的男男女女都知道他们必须抵抗恶势力。1936年，众人与西班牙共和党人站在一起，这不仅是自由的象征，还意味着反法西斯主义的斗争开始了。

自从毕加索从胡安松林回来后，他变得更善于交际了。他几乎每天晚上都去圣热尔曼的一家咖啡馆，在那里他花很长时间和朋友聊天。

晚上，保罗·艾吕雅把毕加索介绍给他的朋友，一个性格严肃，有着美丽且炯炯有神的黑眼睛的年轻女孩——朵拉·玛尔。她是一位画家兼摄影师，她的谈吐快速果断，她聪颖，性格直爽，经常出入超现实主义的文艺圈，有个富有的、居住在阿根廷南斯拉夫的父亲，她还能说一口流利的西班牙语。毕加索立即用西班牙语与她进行了长时间的、热烈的交谈。不仅如此，对毕加索的另一种语言——绘画，朵拉·玛尔也能像对待母语一样完全理解。

1937 年，毕加索雕刻了两幅版画，并配了一首诗：《佛朗哥的梦想与谎言》（详情见下页），这是对佛朗哥暴政毫不留情的抗议。这位西班牙独裁者被描绘成一种作恶多端的好战分子，其暴行被画入方格中，让人联想到长方形的连环漫画。在这幅作品中，毕加索还表露了内心的怨气："……孩子们的尖叫，女人们的哀嚎，鸟儿、鲜花、柱子、石头、砖块、家具、床、椅子、窗帘、瓶罐等都发出尖锐的哀鸣……"毕加索对这场使他的国家四分五裂的悲剧的激烈反应表明，毕加索仍然是西班牙人。

《格尔尼卡》：20 世纪最伟大的画作

1936 年夏天，毕加索在滨海阿尔卑斯省的一个叫穆然的小村庄里。他的朋友都在他身边：朵拉·玛尔、艺术出版商克里斯蒂安·泽尔沃斯和他的妻子、诗人勒内·沙尔、他的合作商保

"愤怒扭曲了鞭打他的阴影，牙齿被钉在沙子里，马曝晒于太阳之下，太阳把他和这些景象绑在一起：苍蝇在装满凤尾鱼的网间偷偷溜走，破旧的百合花……旗帜……在墨水般的黑色酱汁中扭动，墨汁洒在溅向他的血滴中，使他心烦意乱。"

毕加索
《佛朗哥的梦想与谎言》
1937 年

朵拉·玛尔自1936年以来一直是毕加索的新伴侣，她是一位画家兼摄影师。开始她与曼·雷合作，然后通过保罗·艾吕雅结识毕加索。她在政治上非常活跃，在大奥古斯丁街的工作室（左图）拍摄了《格尔尼卡》制作的所有阶段。

罗·罗森伯格、画家兼摄影师曼·雷。在毕加索、艾吕雅和努施下榻的酒店露台上，人们围绕着大餐桌，不断地谈论西班牙内战。

随后，坏消息传来，共和党人被屠杀了，法西斯主义正在蔓延。1937年是法国政府举办世博会的年份。人民阵线的共和党人表示，西班牙政府必须有适当的代表参加，这至关重要，并邀请毕加索为西班牙馆制作作品，以清楚地向世界表明他支持哪一边。毕加索答应了制作巨型的作品，画作将会和西班牙馆的一面展览墙的大小相当。但要做到这一点，他需要有一个巨大的空间来工作。朵拉·玛尔找到了合适的地方·位于巴黎市中心大奥古斯丁路的一座17世纪的漂亮房子。

1937年5月1日，一个可怕的消息传到巴黎，佛朗哥的德国轰炸机野蛮地袭击了西班牙北部巴斯克地区的格尔尼卡镇，造成众多无辜人员伤亡。

一个月后，1937年6月4日，一幅画从工作室诞生：《格尔尼卡》展示在公众面前。对于最可怕的屠杀，毕加索用他所画过的最暴力、最生动的画作来回应。他用一枚硫酸炸弹回应那血腥、盲目、恐怖和愚蠢的轰炸机。《格尔尼卡》将是20世纪最伟大的悲壮画作。

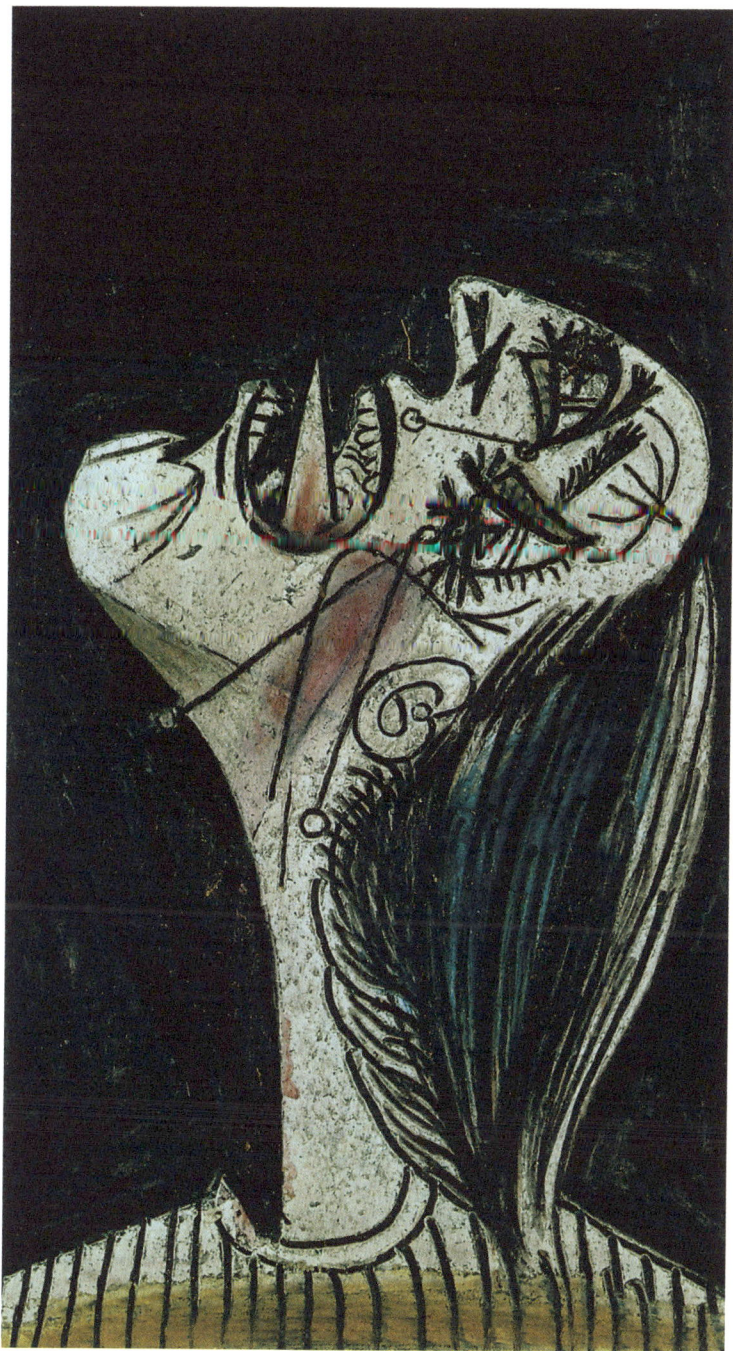

很难想象这些朴素的速写草图（左图）会催生出毕加索1937年最有力量的绘画作品：《格尔尼卡》（下页跨页图）。这幅画象征着反抗，象征着对恐怖的法西斯主义的愤怒反抗。从1937年5月1日到1937年6月底，毕加索画了45幅速写草图。在最初的速写中，主要题材公牛、光明使者和马已经出现。毕加索在这幅画中表达了战争、盲目的暴力、死去的孩子以及悲伤的母亲这些普遍戏剧元素。他呈现出自己的内心世界，重新使用了斗牛、马和公牛等象征"残暴和黑暗"的要素；色彩的基调是哀伤的，毕加索有意将调色板上的颜色限制在黑色、白色和灰色之间；形状则是平面和简化的，就像海报那样，以便更引人注目。"艺术家怎么可能对别人不感兴趣，又怎么会过着象牙塔里的生活，对世事漠不关心，脱离那些如此慷慨地带给我们灵感的群众呢？不，绘画不是用来装饰房间的。它是一把在战争中进攻和防御的武器。"

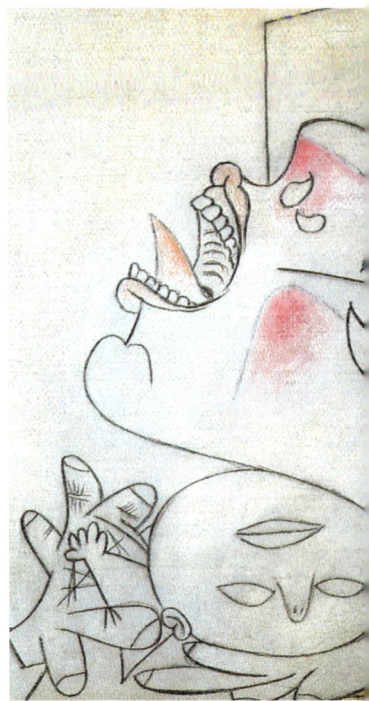

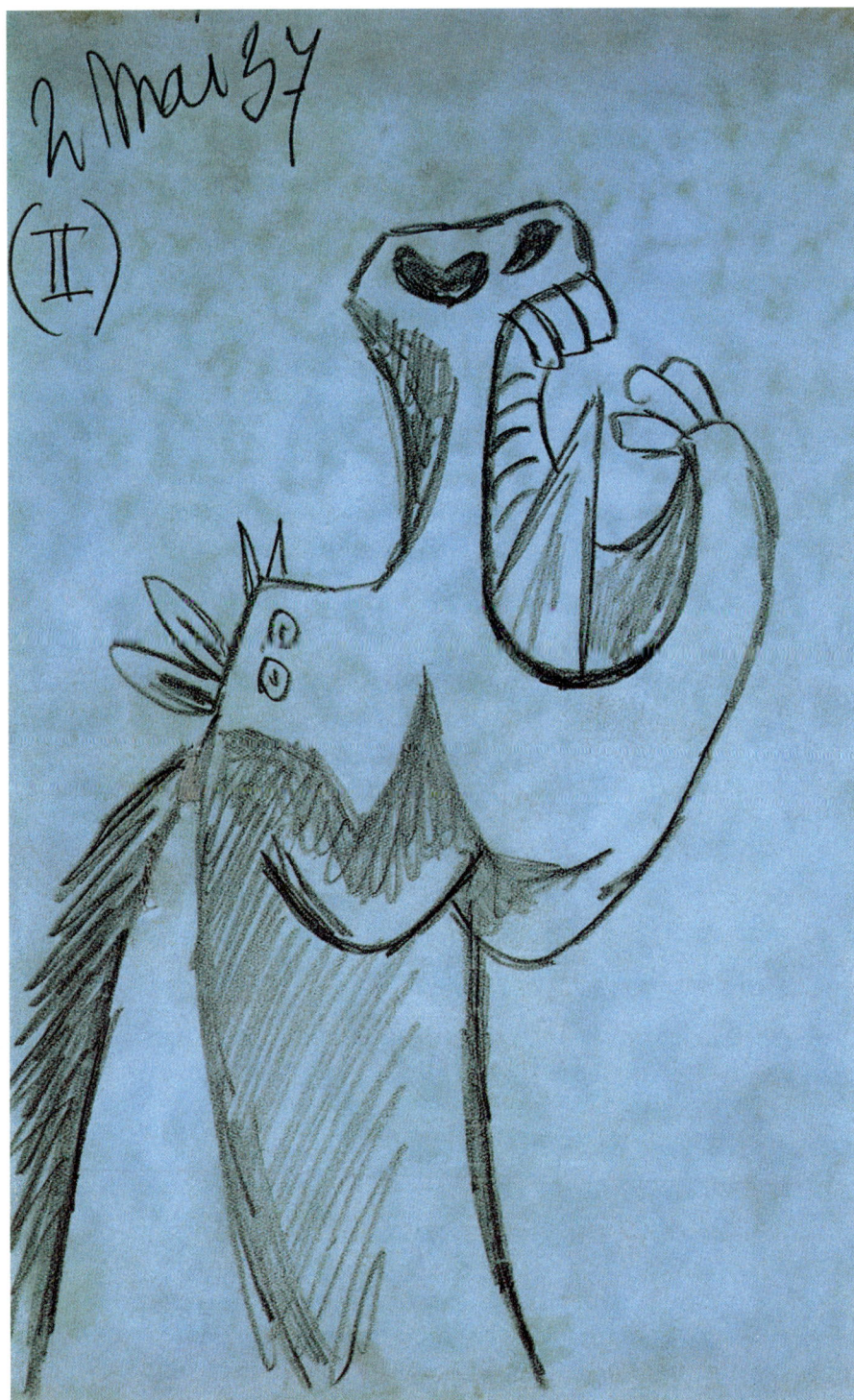

第六章
流浪和折磨

时光流逝，一眨眼到了 1939 年的夏天。在玛丽－泰蕾兹和朵拉·玛尔两位情人的陪伴下，毕加索画了无数的肖像画，两张面孔轮流出现。更有甚者，在 1 月的某一天，毕加索为摆着同样姿势的两位女伴画了一系列肖像画。朵拉·玛尔，她那深沉的脸令毕加索着迷，他把她画了无数遍，其中包括她哭泣恳求时一张被泪水滑过的脸。

―――――

《哭泣的女人》（上页图），创作于 1937 年。在非常强烈的情绪下，我们有时会感觉到身体和视觉上的变化。毕加索试图通过绘画来表达所有这些混合的情感。
上图，朵拉·玛尔，拍摄于 1941 年。

在欧洲，政治大事正在迅速发生。德国的希特勒，意大利的墨索里尼，西班牙的佛朗哥，他们使战争的阴影笼罩着整个世界，每个人都在议论纷纷。毕加索和朵拉一起来到了昂蒂布避暑，每天晚上他都去一家咖啡馆闲聊。交谈中，大家都认为战争即将爆发。

欧洲陷入战争，毕加索不得不中断《昂蒂布夜钓之景》

1939 年 8 月，希特勒入侵波兰，法国人被迫紧急动员起来了。就像 1914 年一样，毕加索看到他的法国朋友应召入伍，城市里到处挤满了军队。他对不得不中断《昂蒂布夜钓之景》的创作感到特别恼火，他开玩笑说，"他们"所谓的不得不宣战只是为了激怒他。随后他便离开昂蒂布回到了巴黎。

在拥挤的火车上度过了一个痛苦的夜晚后，毕加索抵达巴黎。他很快就发现这座城市处于一种既兴奋又恐慌的状态。他担心立即会有轰炸，于是带着朵拉·玛尔、萨瓦特斯和爱犬卡斯贝克立即动身前往罗扬。玛丽－泰蕾兹和玛雅已经在那里了。

在罗扬，他租下一栋海滨别墅顶层，那里有令人叹为观止的海景，毕加索讽刺地说："这对一个认为自己是画家的人来说是件好事。"然而，他还是继续画画。当他画画的时候，他把战争抛诸脑后。战争导致绘画材料的短缺，那他就把木板当作画布，用木椅背作为调色板，没有画架，那他就蹲在地板上作画。他用画画来阻止自己屈服于法国人在战争和灾难中的普遍恐慌。

然而，1940年夏天的某一天，毕加索看到装备着钢盔、坦克和大炮的邪恶军队进入罗扬。贝当和希特勒签署了停战协定，法国被占领了。毕加索没有理由继续在罗扬自我流浪，他回到巴黎，在大奥古斯丁街的工作室里安顿下来。

在法国被占领期间，巴黎的生活受到限制，物资供应困难，各种资源匮乏。警笛每天都在呼叫，街道上十分冷清。毕加索很少离开他的住所，除了去拜访安顿在亨利四世大道的玛丽－泰蕾兹和玛雅，或者和朋友一起在离他家几步之遥的小餐馆加泰罗尼亚共进晚餐，这家餐馆是为他命名的。

1939年的《昂蒂布夜钓之景》（上页图），这是毕加索自《格尔尼卡》以来创作的最大画作。这一年的7月，毕加索画了这个在昂蒂布的日常生活场景：夜间点灯捕鱼。小船底部的灯吸引着鱼，一个渔夫用四齿鱼叉击中了一条方形的鱼，另一个渔夫冒险潜入水中，用手抓鱼。岸边有两位意娜中，安德列·布勒东的妻子贾克琳·兰芭和朵拉·玛尔，后者一边舔着冰淇淋，一边推着自行车在岸边散步。地中海的夜晚是由深蓝色和紫红色呈现的。

《街着小鸟的猫》，创作于 1939 年。此时，第二次世界大战的威胁笼罩着法国。在此之前，毕加索从未真正描绘过战争，但在这段时间里，他的画作充满了伴随战争而来的暴力和痛苦。就连最日常的题材，如一只猫和一只鸟，也变成了几乎无法忍受的残酷图像。

"毕加索画得越来越像上帝或魔鬼"（保罗·艾吕雅）

国际形势十分紧张。然而，人们必须做点什么，去创造一种新的生活方式。对毕加索来说，这意味着他将寻找仍有可能被创造的新方式，即使毁灭无处不在。1941 年 1 月的晚上，在一个漫长的寒冷夜晚，毕加索翻出了一本旧笔记本，他从封面标题开始下笔：《被尾巴抓住的欲望》。

1944 年 3 月 19 日，路易丝和米歇尔·雷里斯组织了一场由朋友朗读毕加索的戏剧《被尾巴抓住的欲望》的活动，并把场所安排在他们的公寓里。该活动由阿尔贝·加缪执导，由乔治·于涅提供音乐的伴奏，让－保罗·萨特饰演圆头，朵拉·玛尔饰演"忧虑胖小姐"，毕加索饰演"大脚先生"。照片中站着的人物从左至右依次是：雅克·拉康、塞西尔·艾吕雅、皮埃尔·勒韦迪、路易丝·莱里斯、扎尼·德·康庞、巴勃罗·毕加索、巴伦蒂内·乌戈、西蒙娜·德·波伏娃；坐着的人物则是：让－保罗·萨特、阿尔贝·加缪、米歇尔·雷里斯、让·奥比耶。热尔梅娜·于涅、雷蒙·格诺、雅克·洛朗、布拉塞、海梅·萨瓦特斯；乔治·布拉克和他的妻子也出席了该活动。每个人都说这次戏剧活动是一个值得纪念的事件。

接下来是一部六幕的滑稽戏剧，角色被称为大脚先生、忧虑胖小姐或馅饼小姐，内容主要是关于食物的。毕加索以超现实主义作家的无意识写法创作了他的作品。

1944 年初，保罗·艾吕雅写道："毕加索画得越来越像上帝或魔鬼。"之后，他又补充道："他是为数不多的行为得体的画家之一，而且他还在继续这样做。"这说的是实话。在战争期间，一些法国艺术家被德国人用利益诱惑，屈尊求荣。

毕加索在纳粹占领者的眼皮底下画了一幅"革命"的画

毕加索"反动"的名声足以使他被恶势力迫害。他是希特勒最害怕的无可争议的现代艺术大师，他是纳粹所说的"堕落艺术"的创造者。

在画作《格尔尼卡》中，毕加索清楚地表明了他对法西斯主义的憎恨。某一天，德国盖世太保来搜查他的家，一个纳粹军官看到桌子上有一张《格尔尼卡》的照片，问："是你干的吗？"毕加索说："不，是你！"

1944 年的春天，他出现在他的朋友马克斯·雅各布的葬礼上。马克斯作为犹太人被捕后被驱逐到集中营，并在那里死去。

在毕加索这一时期的许多绘画中都能感受到战争和贫困的险恶背景。像往常一样，毕加索所画的就是他所看到的。这些静物画中，无数的动物头骨、韭菜、香肠、锋利发光的刀子以及弯曲的叉子被苍白的蜡烛所照亮，而这一切都让人联想到战争。

1944 年 8 月 24 日早晨，整个巴黎都在撤离的德军枪声中惊醒了，巴黎解放了。一种狂热的兴奋占据了这座城市。朋友们偷偷地来到毕加索所在的市中心大奥古斯丁街，一遍遍地告诉他事情的进展，随后便在街道上的庆贺声中离开了。毕加索专注于他的工作，而他工作室的窗户随时都有被外面的声浪震碎的危险。他一边工作，一边大声唱歌，以掩盖街道上的喧嚣。

枪声刚停止，在盟军服役的朋友们就陆续回来了。在整个战争期间，关于毕加索在巴黎的消息很少。巴黎解放后，挤在他周围的访客多得让人应接不暇。每天早上，工作室楼下狭长的小房间里都挤满了等待的参观者，随后他们依次被带进同一楼层的雕塑工作室观赏。

不会说法语和西班牙语的美国人和英国人正是这群访客中的大多数，毕加索给在巴黎解放后来访的他们留下了深刻的印象。

他的新模特是一位女画家——弗朗索瓦丝·吉洛，她将成为毕加索的新伴侣

1945 年的秋天，毕加索刚刚遇到了一位印刷商：费尔南·穆洛，穆洛的作品深深吸引了他，令他想重新投入自 1919 年来中断的雕刻工作。他几乎每天都去穆洛的雕刻工作室。随后在第一批石版画上，出现了他新欢的面孔：弗朗索瓦丝·吉洛，两人是两年前认识的，今年她将要过来和他住在一起。第二年的春天，毕加索带着弗朗索瓦丝去了法国南部——他把此处称为"他的风景"。和年轻、漂亮还是个画家的弗朗索瓦丝在一起后，毕加索又变得快乐了。在经历了这么多年可怕的战争之后，他重新获得了自由，并能够随心所欲地进行创造。他又开始努力工作了，在穆洛那里完成了很多石版画和新油画。弗朗索瓦丝的肖像画是作品的重心，

《抱羊之人》。这是毕加索在 1943 年用青铜铸造成的，1950 年赠予瓦洛里斯市政府，因此我们如今还可以在该市的一个小广场上看到这尊雕塑。

如《弗朗索瓦丝的头像》，所有动物群，神话中的人马，还有新的牛头怪。这只牛头怪带着地中海风景回来了，毕加索对它有一种特别的温柔，好像牛头怪就是他自己一样。

在这群被改良后的神话物种、山羊和裸体舞者中，出现了一种新的动物：猫头鹰。当时有人给毕加索带了一只受伤的猫头鹰。毕加索治好了它，并且被它迷住了，特别是它那明亮又一动不动的眼睛、那固执而有距离感的眼神，仿佛能洞察他的内心世界。

他一直很喜欢鸟，虽然猫头鹰和鸽子明显不一样，但都是他一生的伴侣。它们对他来说都有很深的意义，无疑是一种神秘的信仰。

这只猫头鹰，长着圆圆的头，似乎在看着毕加索本人。一天，毕加索拿了一张自己眼睛的放大照片开玩笑，他在照片上面放了一张白纸，在白纸上画了一只猫头鹰，并在猫头鹰眼睛位置打了两个洞……结果产生意想不到的惊喜！

1946 年 9 月，昂蒂布博物馆馆长为毕加索提供了一间大而明亮的大厅让他进行创作，这真是一件很棒的礼物！毕加索在那里完成的所有作品，都是未来位于昂蒂布的毕加索美术馆的馆藏资源。

夏末，弗朗索瓦丝怀上了毕加索的孩子。在 1947 年的春天，克劳德出生了。

"毕加索为我画了很多的肖像画。他似乎饶有兴趣地寻找另一个基于不同象征的头部形状，但他在绘画中总是在月球般的椭圆形和植物形态之间'徘徊'着，无法创新出其他形状，这让他十分恼火。'我没有办法。'他说。画家不会选择强加于自己的形式。"

《与毕加索一起生活》
弗朗索瓦丝·吉洛、卡尔顿·莱克
1973年

上图为创作于1946年的《太阳中的弗朗索瓦丝》；下图是同年创作的《猫头鹰的眼睛》。

毕加索的两只鸽子：和平鸽和他的女儿帕洛玛

1949年，共产党组织的大型和平会议在巴黎举行。5年前，毕加索在二战胜利后就立即加入了共产党，就像许多知识分子一样。

在战争期间，加入共产党在反对纳粹主义的斗争中具有积极的意义。毕加索在那个时候亲口说："我从来不认为绘画是一种纯粹的娱乐和消遣艺术……这些年可怕的压迫向我表明，我不仅要用艺术，而且要用我个人来对抗到底。"（1966年10月5日）。

1949年1月，共产党请求毕加索画一张象征和平运动的海报，于是毕加索画了一只鸽子，就像被他关在大奥古斯丁街工作室笼子里的鸽子，也像在蒙马特尔、高索尔、拉科罗涅，以及童年时马拉加的树木上的鸽子……1949年的春天，毕加索的鸽子海报出现在欧洲所有城市的城墙上。

同年春天，另一只"鸽子"出现在毕加索的生活中：他的女儿帕洛玛（西班牙语中是"鸽子"的意思）。此时小克劳德已经3岁了，帕洛玛是他和弗朗索瓦丝的第二个孩子。

18D37

毕加索的每一幅肖像
画都表达了他对女性
的特殊看法:《祈求
者》(上页图),创作
于 1937 年,画中有
一个可怕而害怕的女
人,表达了因西班牙
内战而家庭破裂的母
亲和寡妇的痛苦。创
作于 1939 年的《戴
条纹帽的女人半身
像》(左图)中,女
人的脸似乎吸收了她
周围环境的图形和图
案,特别是她帽子上
的凹槽条纹。

毕加索为他生命中的每一个女人都设计了一种创作风格。关于玛丽-泰蕾兹的风格是由弯曲、和谐的阿拉伯式线条呈现的（第116页，《玛丽-泰蕾兹》，创作于1937年）。朵拉·玛尔则是经常被用鲜艳的色彩描绘成锋利的形象：红色的长指甲、任性的下巴、活泼闪耀的眼睛（第117页，《朵拉·玛尔》，创作于1937年）。在《杰奎琳的肖像》（创作于1954年，上页图）中，杰奎琳·罗克以其美丽的希腊形象，被毕加索认为是地中海的典范。在创作于1946年的《花之女》（右图）中，弗朗索瓦丝·吉洛丰盈的头发像花瓣一样闪闪发光；她纤细的腰部纤薄如茎，支撑着圆润、丰满的乳房。

瓦洛里斯：普罗旺斯的一个小镇，全是粉红色屋顶，位于被松林包围的山谷底部

葡萄园、橄榄林和薰衣草丛从城市的边缘向外延伸，几年前毕加索和艾吕雅一起散步时发现了瓦洛里斯，并且被瓦洛里斯的美丽深深吸引。1948 年，他和弗朗索瓦丝以及小克劳德一起在那里定居。

瓦洛里斯是陶瓷及其手艺人的故乡，毕加索在 1 年前发现该镇拥有这样的艺术。随后，瓦洛里斯陶瓷手工艺人的展示台上就出现了一排排的新艺术品，有鸽子、公牛、猫头鹰、猛禽，以及女人头像等各种造型。但毕加索在制作陶瓷的想法和手段上的大胆吓坏了他的陶瓷工艺朋友们！例如，他违抗所有的陶器制作法则……做出绝对不可能实现的事。毕加索拿着陶艺大师刚刚塑造成型的花瓶，开始用手指塑造它。首先，他捏住瓶子的颈部，让瓶子凸出来的部分像个气球一样；然后，通过一些灵巧的扭转和挤压，他将一个日常用具变成一只轻盈、精致、生动的鸽子。"你

创作于 1951 年的《雌猴和小猴》。通过两辆小汽车、一个水罐和一个乒乓球，毕加索开始创作一系列的雕塑，同时他还发现了一种新的技术：对偶然发现的对象加以利用。

看，"他说，"要做一只鸽子，你必须先扭动它的脖子！"这是一个精确细致的手势，如果方式或力道不恰当，那就必须重新开始。对毕加索来说，这样的意外从来没有发生过。

在瓦洛里斯，毕加索很开心，他感觉非常棒，这个地方对他来说是一个消遣和放松的好地方，每天身边都围绕着他的那些陶瓷工艺朋友。每天早上，他都穿着短裤、背心和凉鞋出现在陶器工厂里。除此之外，他还经常在早上下班后去游泳。仅仅从他灵巧的陶艺手势上都能看出他那非凡活跃、旺盛的生命力，只有那一头的白发才让人知道他快要70岁了。

他十分专注于他的新家庭，以克劳德和帕洛玛的玩耍为对象进行绘画创作。他羡慕孩子们的开朗、无畏和精力充沛。他喜欢和他们一起玩，用木块为他们做小玩偶，用画笔在上面装饰几笔，或者用硬纸板剪出各种动物，加上几笔画出滑稽的表情，连大人看了都哈哈大笑。他还教克劳德游泳和做鬼脸。胡安海湾是父子俩主要的游乐场，早上开始的游泳，经常持续到下午。1950年，毕加索一家每天午餐的时间在某处海滩上很快被传开了，结果海滩上的餐馆常常有很多游客光顾，就是为了目睹这位传奇人物的一家。

瓦洛里斯也因毕加索这位传奇人物的存在成为胜地。在20世纪50年代初，一个全国性的现象正在发生：毕加索这个名字逐渐成为一个象征。

《人头猫头鹰》是1953年毕加索用瓦洛里斯陶土制作的。毕加索几年前就接触过瓦洛里斯的陶土。在陶艺家乔治·拉米耶家中度过的一段时间里，他拿了一点陶土，玩得很开心。过了一段时间，他再回到这里，非常高兴又看见这些陶土，并且十分满意自己用该类陶土实验做出的作品。于是他立即满怀激情地开始了陶器创作。这种将雕塑、绘画和素描结合在一起的艺术，对毕加索来说，是"不费吹灰之力的雕塑"。

第七章
重见天日

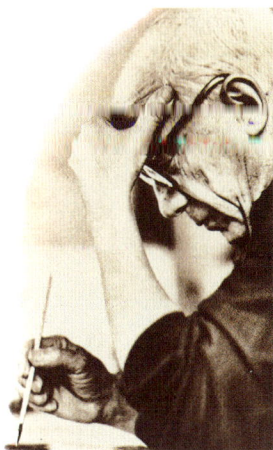

加州庄园是一座位于戛纳高地的大型美丽时代风格的建筑。房间内凉爽明亮，四面都有大窗户。毕加索刚刚经历了一段黑暗而艰难的时期。1955 年的初夏，他只想避开来访者以及记者提出的轻率问题，避免一切宣传。

———

《穿着土耳其服装的杰奎琳》（上页图），创作于 1955 年。毕加索之所以这样描绘她，是因为他发现杰奎琳与德拉克洛瓦画作《阿尔及尔女人》中的一个后宫姬妾相似。上图是 20 世纪 50 年代的毕加索，他正在画斗牛。

1953年，弗朗索瓦丝带着两个孩子和毕加索分居。而把毕加索当作电影明星来追捕的报纸杂志记者，他们莽撞的行为给处于痛苦时期的毕加索增添了麻烦。这种隐私危机，连同它带来的所有剧变，将引发一场深刻的审美危机。

1953年至1954年的冬天，毕加索把自己关在瓦洛里斯僻静的威尔士别墅里，疯狂地画了189幅以"画家和他的模特"为主题的画作，并把这些画作刊登在《神韵》杂志上。米歇尔·雷里斯对此写道，毕加索的作品展现了"地狱中一个讨厌季节的日记"，它以一种痛苦而残酷的方式总结了创世的戏剧，还有艺术与生活、艺术与爱情之间无法解决的二元性：无论女人有多聪明，她必须被画，但也必须被爱；而艺术家都是男人，就要受到

1953年到1954年的"画家和他的模特"系列中，这幅1954年1月的画作（上图）的特点是使用假面舞会主题和性别颠倒元素，两个人物都戴着面具。大腹便便的矮小小丑长着艺术家的脸，戴着一个女人的面具，而跪着的年轻女子则戴着一个蓄着胡须的男人面具。

衰老和死亡的影响。在种种变体中，我们看到毕加索，化作一个小丑，化作一个戴面具的老人，化作一只猴子，去画一个年轻漂亮的女人。

1954 年 2 月，他在马杜拉陶器坊遇到了杰奎琳·罗克。她是一位离异的年轻女子，有一个名叫卡特琳的小女儿。两人一起在戛纳的加州庄园定居。有了杰奎琳，毕加索找到了他工作时需要的平静。在生命最后的 20 年里，他将致力于回顾过去的画作，绘画中的绘画。

在加州庄园，毕加索重建了他日常中那难以置信的混乱世界

在加州庄园，每间房之间，都有一扇大门串联相通。毕加索把所有房间都当作作坊：在每个房间里，都存在着正在进行的创作。这是毕加索的丛林世界：奇怪且杂乱无章的东西，到处都是打开的箱子、花瓶里干枯的花、堆积如山的衣服、一盏形状奇特的灯以及食物……夜幕降临在迷人的山丘上，毕加索在工作之余，和他的狗、山羊玩耍，或者接待他的朋友：卡恩韦勒、萨瓦特斯、莱里斯、特里斯唐·查拉、让·科克托和雅克·普莱维尔，他们是毕加索亲密的朋友，总是被邀请共进晚餐。饭后，清理好餐桌，毕加索就在餐桌上面创作他的陶瓷或素描。

那年夏天，电影制作人克鲁佐拍了一部关于毕加索的电影。克鲁佐的想法是用他发明的一种技术拍摄毕加索的创作过程：观众可以看到这幅画在自己的眼前神奇地创造出来。毕加索本人，在影片的首次放映中，对该电影感到十分满意！

他那时刚刚完成了 15 幅名为《阿尔及尔女人》的系列画作，它们都是德拉克洛瓦画作的变体。毕加索用了很长时间构思该系列。弗朗索瓦丝·吉洛曾经说过，他经常带她去卢浮宫看这幅画。然后，当他遇到杰奎琳时，他为她和《阿尔及尔女人》画作中女人的相似性感到震惊。她不

1955 年，毕加索移居戛纳"加州庄园"。这座别墅周围有一个充满异国情调、郁郁葱葱的花园。他把客厅变成了一个巴洛克式的绘画工作室。1955 年 10 月至 1956 年 11 月间创作的"画室"系列（左图是《加州画室》）包括大约 15 幅不同格式和颜色的画，让人联想到马蒂斯那南方的缤纷色彩，又让人联想到委拉斯开兹的西班牙式的朴素。毕加索称它们为他的"室内风景"。黑色的背景，木制品切割正反面的形式发挥，中间的白色画布，还有摩洛哥式的装饰以及棕榈树都是对马蒂斯风格的参考。

《阿尔及尔女人》(右图)，德拉克洛瓦创作。

《阿尔及尔女人》(下图)，毕加索模仿德拉克洛瓦进行创作，1955 年。在"模仿"德拉克洛瓦的过程中，毕加索保留了绘画的构图和人物，但以自己的方式重新诠释了它们。

仅有着"东方"体格、杏仁色的大黑眼睛，以及延伸到额头上的鼻子，而且她那平静而感性的气质，使她看起来像一个后宫姬妾。1954年11月，除了这场情感邂逅，马蒂斯的去世也给毕加索带来了震动。马蒂斯画了无数有关后宫女性主题的画作。"他死后，"毕加索说，"他把他后宫女人的题材留给了我……总之，为什么我不能是那个继承的朋友呢？"《阿尔及尔女人》象征着东方的神话、后宫的神话、色彩斑斓的肉欲神话，但在形式上，这也是马蒂斯特有的绘画难题——将一个人物融入装饰性的背景中。

当被问及为什么大量创作临摹绘画时，毕加索说："我画这么多画，这只是我工作方式的一部分。我在几天内作了100幅画，而其他画家可以花100天专注于一幅画。当我打开窗户，走到画布面前的时候，也许会有什么事情发生。"

他买下了位于塞尚故乡的，美丽的沃夫纳格城堡

1958年的一天，毕加索打电话给他的朋友卡恩韦勒说："我买了圣维克图瓦山！"卡恩韦勒认为毕加索说的是塞尚创作的圣维克图瓦山系列的众多画作之一，便问他："是哪幅画？"毕加索必须向他解释，自己所说的不是塞尚的画，而是位于圣维克图瓦山北坡的沃夫纳格古堡及其周围8平方千米的庄园！交易很快就完成了。

1958年至1961年间，毕加索搬到了普罗旺斯地区艾克斯附近塞尚曾居住过的沃夫纳格城堡（上图）。

模仿古代大师画作是19世纪和20世纪所有艺术家的工作之一，画家中的马奈、塞尚，音乐家中的普罗科菲耶夫、斯特拉文斯基，诗人中的科克托，他们的目标几乎总是一样的：与经典作品竞争；模仿它，以便更好地理解它、超越它。

从1941年起，雕塑就成为毕加索工作中的一项主要内容。在这一领域，他又一次创新了：他开始组装那些在垃圾场或荒地里发现的奇异物品，比如把一个自行车鞍座和一个生锈的车把变成了一个充满生命力的公牛头，或者是把一块旧的废铁变成了一只巨大高贵的鸟。

上页图《山羊》，创作于 1950 年。它的背上是一片棕榈叶；肿胀的肚子是一篮柳条；双腿是由木块和废金属制成的；尾巴上有铁；头上的角和山羊胡须是葡萄树枝；耳朵是纸板；胸骨是罐头；两个乳房是陶瓷罐；一个对折的金属盖子，用以区分性别；还有一根金属软管是肛门。所有这些元素都是用石膏组装起来，然后用青铜铸造而成的。

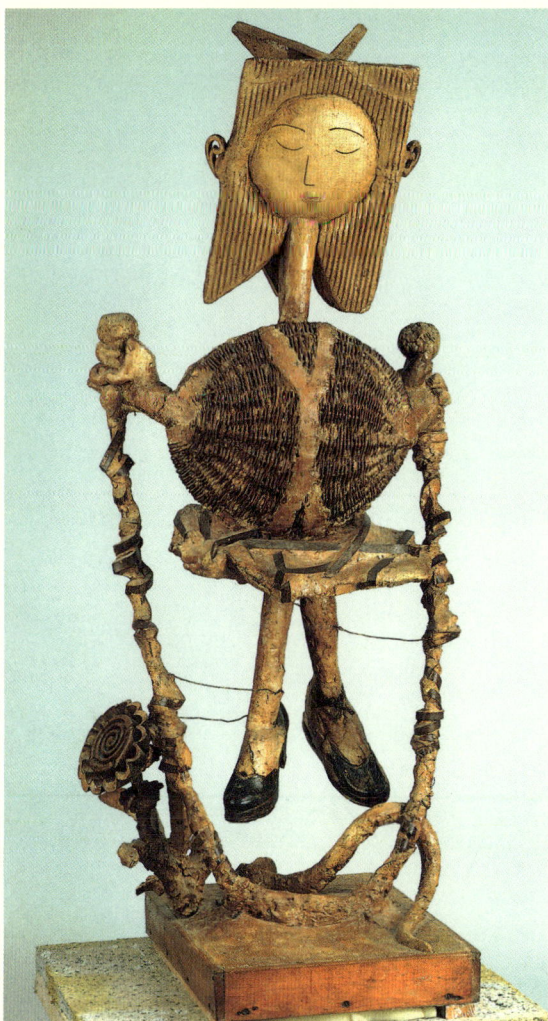

《跳绳的小女孩》，创作于 1950 年。作品中的小女孩，穿着两只旧鞋，身体是用篮子做成的，身体下方是蛋糕盘，头发则是用瓦楞纸板做成的。整个雕塑不着地。"我的小女儿在跳绳，"毕加索说，"既然她在跳绳，我怎么才能让她高高跃起呢？所以我把绳子压在地上。"

毕加索把所有的东西都留着，利用他手边的东西（如绳子、箱子、钉子，以及用过的物品等），他的想法是"这些东西总能派上用场"。作为一个天才的修补匠和"拾荒者"，他知道如何让最过时、最日常的物品复活，并通过他发明的智慧来改变它们。

《游泳者》（右跨页图），创作于1956年。图中有6个"人"，从左到右依次是：《潜水女人》《双手合十的男人》《如厕人》《孩子》《张开双臂的女人》《年轻人》。这是毕加索作品中唯一的雕塑组合。这些长长的几何图形是由粗略组装的木板制成（巴黎毕加索博物馆拥有这些木板的青铜复制品）。我们可以看到床架、扫帚柄、画框。毕加索在木头上刻有人体的特征，他以扁平、简化的造型，创造出富有表现力、充满生命力的人物。他还为每个人物构建出独特的场景：潜水女人和双手合十的男人在码头上，张开双臂的女人和年轻人则在跳板上，而如厕人和孩子在水里。

《足球运动员》(上页图)，创作于
1961 年。人物拥有丰满圆润的形状和
欢快的颜色，在击球前轻盈地跳了起
来。这幅画可以明显分辨出他的衣服、
脸、脚和手。毕加索一生都让绘画和
雕塑之间保持着生动的联系："你只需
要把你的画剪下来，就能得到雕塑。"
他说。《抱着孩子的女人》(右图)创
作于 1961 年，运用了一个更复杂的折
叠手法。孩子的身体被母亲用双手举
在头上。毕加索先把孩子的形状折叠
出来，然后在其褶皱处剪出空隙，创
造出空洞，就像小时候做的剪纸一样。

毕加索对雕塑的最后贡献是 20 世纪 60 年代的一系列金属板雕塑，先经过切割、上
色，然后雕塑成型。这些雕塑与《游泳者》一起，发展了平面雕塑的原理，并创新了
众所周知的折叠方法。毕加索按照预先设计的图纸，剪下一张纸或纸板，然后折叠某
些平面，使人物站立，并通过折叠的角度展示作品的立体感。然后，他用金属板制作
了他的模型。尽管材质是金属，但还是保留了原始材料的易碎感和轻盈感。

对画室主题的探索，把毕加索引向了画家委拉斯开兹及其作品《宫娥》(上图，创作于1656年)。1957年8月至12月间，毕加索创作了44个版本的《梅宁斯》。委拉斯开兹描绘了左边的画家，画家正在画的是西班牙国王和王后，我们看不到他们，但他们的身影出现在后面的镜子里。毕加索将画的构图从垂直格式(下页图)转换为水平格式(138页图)。

　　沃夫纳格是毕加索在散步时发现的。他对这座城堡，对它所处的荒野山谷一见钟情。1958年9月，毕加索带着他所有的画作和他收藏的画家——勒南、塞尚、马蒂斯、库尔贝、高更、梵高和"海关人员"卢

梭——的所有画作搬到了沃夫纳格。他在大客厅工作，18世纪的壁炉架上矗立着一尊前沃夫纳格侯爵的半身像。像往常一样，每当他搬家的时候，他的绘画方式也会跟着改变。

毕加索交替使用各种元素，有时使其与彩色玻璃附近的图
形设计相吻合，这里呈现的是一个由棕色、黑色和白色矩
形组成的网格。这幅画中的婴儿，其简化了的面孔和身体
用鲜艳色彩以平面形式示意性地勾画出来。如上图所示，
画家的身影消失了，为画架上的画布留出了空间。

他回到了塞尚的故乡，塞尚是他一直热爱的画家。他开心地说："我住在塞尚的家园。"他还发现，自己从内心深处寻回一种阴暗的西班牙风格，突然间能够画出严肃深沉的画面。他用深绿色、黑色和深红色画杰奎琳的肖像，在其中一幅画作上，他写上了"沃夫纳格的杰奎琳侯爵"的字样。

绘画中的绘画

毕加索在 1953 年至 1961 年的这段时期里，都在琢磨关于过去的绘画，探索他自己的绘画风格，以及与他同时代的布拉克和马蒂斯的绘画风格。通过模仿以往的绘画大师，毕加索无休止地分析、分解和重新组合他人的杰作，并消化它们，使之成为自己的杰作。这种"绘画中的同类相食"在艺术史上是史无前例的。当然，在所有的时代，画家都求助于过去的绘画作品，从"宇宙艺术词典"中汲取主题和形式。然而，毕加索与德拉克洛瓦、委拉斯开兹以及马奈等大师的合作却是另一回事。从一幅画开始，他用尽了所有提供的可能性，试图验证他的笔迹，测试他的绘画在给定主题上的力量。在他的朋友布拉克和马蒂斯去世后，毕加索发现自己独自承担了文艺复兴时期绘画的未来，在 20 世纪初是革命性的，然后是顽固的、具象性的。

创作变体的最后一个周期以模仿马奈的《草地上的午餐》开启。毕加索于 1959 年 8 月在沃夫纳格开始绘制这幅画，于 1962 年 7 月在穆然完成。就其数量（27 幅油画、140 幅素描、5 幅版画）和所用技术的多样性而言，它是所有作品中最重要的，因为毕加索后来还用混凝土制作了它的纸板模型。

为什么选择马奈的作品呢？原因是多方面的，也是显而易见的：马奈体现了一种"西班牙主义"的形式，他也是毕加索欣赏的画家，是 1863 年以《奥林匹亚》开启绘画革命的领袖，也是无可争议的现代主

上图是马奈于1863年创作的《草地上的午餐》。下图是毕加索模仿马奈所作的27幅《草地上的午餐》中的一幅。在这幅1960年版本的作品中，毕加索向马奈作品的构图致敬。

义绘画之父。马奈的作品萦绕在他心头很久了。1932年，毕加索在信封背面写下了这句话："当我看到马奈的《草地上的午餐》时，我想到了'未来的痛苦'。"这幅画使他能够接触到户外场景（这是他很少涉及的主题），唤起了灌木丛中的凉爽，并很好地处理了大自然中的裸体人物，从而向塞尚《伟大的沐浴者》致敬。最后，他甚至找到他最喜欢的主题——画家和他的模特。在一系列大型横向画布上忠实地再现最初构图之后，毕加索将抹去其他人物，专注于"谈话者"对面坐着的裸体女人的形象。他以纸板模型的形式制作了许多图形。一旦切割，这些模型将产生许多彩绘金属板雕塑。

1963年，毕加索根据大卫的《劫夺萨宾妇女》和普桑的《无辜者的屠杀》创作了最后一系列变体。然后，他疯狂地回到"画家和他的模特"主题上，与毕加索在1961年秘密结婚的杰奎琳将成为无处不在的模特，她坐在扶手椅上、赤身裸体地躺在床上，或者和一只小黑猫玩。这些1964年的大型裸体画作也成为绘画史上伟大裸体画作中的经典：《维纳斯》《玛哈》以及《奥林匹亚》，并且也是对提香、马奈，当然还有委拉斯开兹和戈雅的致敬。

下图是1967年在加州庄园的毕加索和杰奎琳。毕加索于1961年3月2日在瓦洛里斯市政厅与她结婚。在架子上，你可以看到毕加索堆放的杂乱无章的纪念品、礼物、陶瓷和照片。其中包括他于1941年创作的大青铜雕像《朵拉·玛尔头像》（右上角）和1952年创作的《仙鹤》（左上角）。

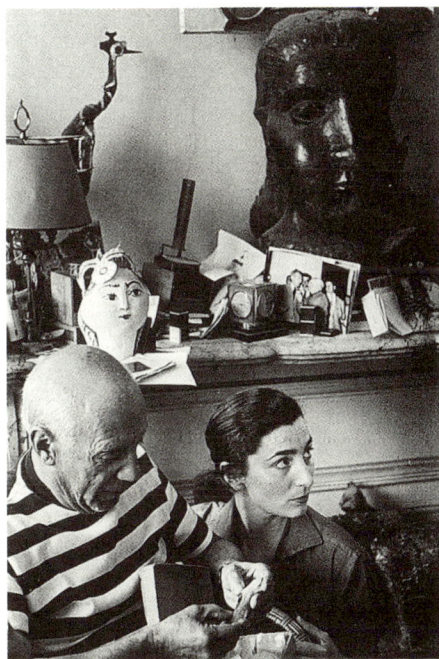

在这幅毕加索于 1967 年创作的颜色柔和淡雅的《孺子之情》（上图）画作中，运用了把小孩与女性裸体融合的方式，通过画中曲线和圆弧很好地表达了母亲和孩子之间的紧密融合。"我很少画新的题材。"艺术家说。而母性的题材，出现在"蓝色时期"，然后出现在立体主义时期，表现为过去艺术作品中的处女和孩子。毕加索的年龄越大，他就越接近他的童年。"我花了一辈子的时间，"他告诉罗兰·彭罗斯，"去学习如何像他们（孩子们）一样画画。"

"圣母村"，毕加索去世的地方

沃夫纳格城堡坐落在一个荒野的丘陵地带，看起来孤零零的，但其美丽让人印象深刻。它也是一个让人很难一年到头在那儿生活的地方。渐渐地，毕加索在那里停留的时间越来越短。1961 年的一天，他意外地找到一个比沃夫纳格更宜居、更有人文气息的地方。这是一个古老的农舍，有一个美丽的名字：圣母村。它坐落在穆然小村庄附近的一座小山上，远离尘世，但又没有与世隔绝，距离戛纳只有 8 千米远。毕加索很高兴地住在圣母村凉爽的大房间里，那里有种植了橄榄树和柏树的露台。

1963 年 3 月 27 日，毕加索在满是素描的本子上的最后一页上写道："绘画比我更强大，是它促使我做想做的事。"82 岁的他仍然被绘画所"占据"，总是以严谨、精益求精的态度要求自己在创作上更进一步。他的工作状态几乎和 30 岁时无异。绘画就像他的生命，生命驱使他去绘画，绘画又给了他每天的生命。

最后一部作品

1963 年后，毕加索放弃了对过去绘画作品的痴迷，转而特别关注那些孤立的人物、原型，并关注那些基本事物的本质：裸体、夫妻、伪装或裸体的男人，这是他在生命的最后几年里谈论女人、爱情和"人类喜剧"的一种方式。

继 1964 年的"大裸卧"系列之后，毕加索又创作了一系列情侣和亲吻主题画作，画中情侣以各种姿势出现。情色的力量从来没有像现在这样被如此现实地展示出来。它露骨地暴露了性。"艺术从不贞洁。"画家说，他挥舞着画笔，像涂鸦一样画出细节，比如生殖器和交配。

女人被描绘成各种状态，但男人似乎总是扮演一个角色或乔装打扮，

在生命的尽头，毕加索画了越来越多拥抱和亲吻的情侣，以此表明了情色和爱情在很大程度上是组成他的艺术的两个基本部分。1969 年创作的《吻》(上图)，整个画面像是一个电影特写镜头，两个人物的轮廓被混淆成一条线，他们的鼻子相互碰撞、嘴巴也相互吞噬，凸起的眼睛延伸至额头顶部。毕加索把两个生命合二为一，用图画的方式表达了在亲吻行为中发生的肉体融合。

比如工作中的画家，或者是为了展现男子气概，拿着长烟斗、剑或军刀的火枪手。1967年，毕加索的肖像画中出现了最后一个人物，这个画中人物主宰了这一时期的画作，成为这一时期的象征："黄金时代"的西班牙和荷兰的混血绅士，穿着彩色衣服，装饰着草莓，披着斗篷，踩着靴子，戴着一顶带羽毛的大帽子。

杰奎琳对安德烈·马尔罗说："这些形象是在毕加索开始研究伦勃朗的时候产生的。"其他灵感来源也被提到，但无论是伦勃朗、委拉斯开兹、莎士比亚、毕加索的雕刻家朋友皮耶罗·克罗梅林克，还是他父亲的小山羊胡子，所有这些火枪手都是异装癖者，都是浪漫的绅士，都是傲慢而阳刚的士兵，尽管他们好看，但虚荣而可笑。有了这个系列，毕加索回到了他最初的状态，致敬他年轻时着迷的杂技演员和卖艺者，那些处于边缘地带、脆弱、雌雄同体的流浪者。在他生命的尽头，古怪小说中的滑稽绅士和伟大世纪的巴洛克英雄接踵而至。

另一个与火枪手并驾齐驱的角色是斗牛士，从他的发型（斗牛士的职业标志：辫子）就能认出，他的悲剧是真实的。作为毕加索对斗牛热情的最后记忆，他代表了真正的英雄，一个面对死亡的人（公牛的死亡、他自己的死亡……）和一个杀人的人。

除了这些巴洛克风格的人物，毕加索还画了一系列威严者的肖像画，他们有着被拉长的脸，留着胡须，大眼睛里带着好奇的目光，留着长发，戴帽子或不戴帽子，正在写字或抽烟。这种违背人的常规面孔的风格，使毕加索成为20世纪伟大的肖像画家，使他回到了与自己这个画家的对抗中，无论是年轻时的自己，还是年老时的自己。

《音乐家》（左图），创作于1972年，在画作中的人物，有着非常西班牙风格的外观，蓄着胡子，弹着吉他，还有着斗牛士的特质——小发髻、辫子、三角帽，很像1970年创作的《裸女与吉他弹奏者》（跨页图）中的弹奏者，画中的弹奏者正在为一个躺着的裸体女人演奏小夜曲。这些画作都是毕加索在20世纪60年代采用的主题和刻板印象绘画的典型。

晚期风格，一种紧急语言

最后一个时期最引人注目的特点无疑是活力，这个时期的毕加索创作的作品数量极大、完成速度极快。这种速度是毕加索处于他生命最后阶段产生紧迫感的标志。作品的积累量和完成速度是他与时间进行无情斗争的唯一防御手段。所创造的每一件作品都是他自我的一部分，是生命的一部分，也是战胜死亡的一部分。"我的时间越来越少，"他说，"但我要说的东西越来越多。"这也可以帮助我们理解为什么他需要使用公约、正式缩略语和原型图来浓缩其论述。毕加索最后一个时期的特点是由表意文字、标志和各种材料绘画组成的速写风格，厚实而流畅，还有匆忙刷上水滴、糊状物的明显的画笔痕迹。面对这种新的绘画方式，毕加索的传记作者道格拉斯·库珀当时只看到"一个疯狂的老人在阴暗的前厅里创作出来的前后矛盾的涂鸦"，但这种方式是完全经过深思熟虑的。年老可以为某些艺术家提供重生的可能性，仿佛从过去中解脱出来，画家可以允许自己做任何事情，违反常规，最终打破行业的限制，以便找到一幅原始的画作，恢复基本的图像。这位艺术家最后一个时期的风格在20世纪80年代得到了恢复，当时出现了所谓的"坏画"或新野兽派。

"扎画家"的愿八肖像，这幅浮夸的《坐着的老人》（下页图），创作于1970年至1971年间，是最悲惨的自画像。它混合了马蒂斯（《罗马尼亚人的上衣》，创作于1940年）、梵高（《戴草帽的自画像》，大约创作于1886年）和雷诺阿的风格。画中人的手是瘫痪的，在他生命的尽头，手变成了树桩。这幅画也是毕加索晚期风格特色的典型，有黄褐色的旋涡、划痕以及滴落的物质。

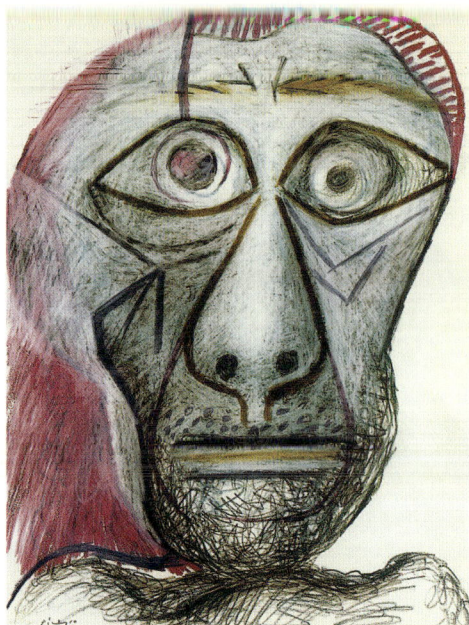

在这幅创作于1972年的写实画作《自画像》（左图）中，人们可以认出毕加索醒目的特征：鼻子和睁大的眼睛，这与1907年的另一幅《自画像》（见书前页第1页）有着惊人的共鸣。蓝色的箭头在脸上环绕，嘴巴由三条笔画表示，看起来好像毕加索在直视死亡，并且不再隐藏任何东西，找到了面具的真相。"我画了一幅画，我想我碰了一些东西……看起来不像以前做过的任何事。"这是皮埃尔·戴克斯在《巴勃罗·毕加索的画家生活》中的叙述。

临终日

　　1970年5月1日，在阿维尼翁的教皇宫殿举行了毕加索近期作品的大型展览：167幅画作，45幅素描。那些在阿维尼翁参观这些最新作品的人，被毕加索在风格、色彩和题材上的非凡复兴所迷住，被整个西班牙风格的回归所迷住——剑客、火枪手和斗牛士。毕加索与他的祖国以及他的根重新建立了联系。感谢他最忠实的朋友海梅·萨瓦特斯，毕加索博物馆在巴塞罗那老城中心的一座15世纪的宏伟宫殿里建成。毕加索为了证明巴塞罗那是西班牙最珍贵的城市，他捐赠了几乎所有的青年时期作品给该博物馆。

1973 年，毕加索 92 岁。他仍然强烈地渴望激发出强烈情感，用他自己的"光"——颜色、形状、形象、符号——把光明投射到黑暗的地方。他带着同样不可动摇的信念，为自己的创造力，为必须表达的东西赋予最公正、最有力的诠释。正是因为这种非凡的生命力量，他的死才让人难以置信。

毕加索于 1973 年 4 月 8 日去世，全世界惊愕于这一消息。人们都以为他身上有一盏永不熄灭的灯。

他曾说："绘画从来没有结束的一天……它们通常会在有事情发生的时候，中断并静止。"

1973 年 5 月 23 日至 1973 年 9 月 23 日在阿维尼翁教皇宫殿举行的毕加索画展具有历史意义，因为这位画家于当年 4 月去世。最后一次展览展出了毕加索自己挑选的作品。按主题系列悬挂无框的画作，画的内容有丰富多彩的化装舞会，有拿剑的男人，有情侣夫妇，有裸体女人，有威严的肖像画，众多的画作在礼拜堂的墙壁上挂成一排（下图）。

Picasso

回忆与见证

毕加索很少写有关他的作品或生平的文字记录。他所要说的东西，都包含在他的画里了。不过，毕加索的亲戚、朋友以及他身边的伴侣们，经常写有关他们和毕加索之间的经历、谈话，以及日常生活。这些叙述虽然带有主观性，但给我们留下了有关画家突出个性的生动记载。

画家弗朗索瓦丝·吉洛是毕加索 1943 年至 1953 年间的伴侣，她给毕加索生了两个孩子：克劳德（生于 1947 年）和帕洛玛（生于 1949 年）。

那天，他开始画《花之女》，而我是这幅画的模特。我曾经问过他，是否介意我在一旁看他工作？

他答道："不，我不介意。恰恰相反，我甚至认为这会有帮助，我不需要你摆任何姿势。"

之后，在整整一个月里，我就这样看着他画画。他画完这幅肖像画后，又画了几幅静物画，整个过程没有使用调色板。他的右边有一张铺着报纸的小桌子，上面放着三四个大罐子，里面装满了浸在松节油里的画笔。他每次拿出一支，都会先在报纸上吸一吸松节油，因此报纸看起来就像一片五颜六色的由线条和点块组合成的丛林。当需要纯色时，他会直接把颜料挤在报纸上。有时候，他还在报纸上进行调色。

在他的脚下和画架的四周，有一系列大小不一的瓶罐，里面装着灰色和中性色彩，以及他事先混合的其他颜色。

他可以连续工作三四个小时，不会做多余的动作。我问他站了这么久是不是累了？他摇摇头："没有。当我工作的时候，我把我的身体留在门口，就像穆斯林教徒在进入清真寺之前脱掉鞋子一样。在这种状态下，身体纯粹以

1951 年，毕加索和弗朗索瓦丝·吉洛拍摄于瓦洛里斯的威尔士别墅。

植物的方式存在，这就是我们画家通常活得这么久的原因。"

……画室里一片寂静。只有毕加索的独白和几句简单对话，没有其他外部的打扰。当白天开始变暗时，毕加索用两个聚光灯照射在画布上，周围的一切都消失在黑暗中。"画布周围必须有完全的黑暗，这样画家才能被他的作品所催眠，在几乎沉浸其中的状态下作画。如果画家想超越他的理性不断试图强加给他的限制，那么他就必须尽可能地接近他的内心世界。"

弗朗索瓦丝·吉洛、卡尔顿·莱克

《与毕加索一起生活》

卡尔曼 – 莱维（Calmann-Lévy）出版社，1965 年

德国作家、出版商、艺术史家丹尼尔-亨利·卡恩韦勒（1884—1979）是毕加索的第一位合作商。1907年，他在巴黎开了一家画廊，展出的画作来自当时被称为前卫艺术家的布拉克、马蒂斯、毕加索……

卡恩韦勒：……因此，在某个晴朗的一天里，我动身前往毕加索的住处。我知道他的地址：拉维尼昂（Ravignan）街13号。这是我第一次爬上拉维尼昂广场的楼梯，后来我走了很长的一段路，才进入了那座后来被称为"洗衣船"的奇怪建筑。"洗衣船"是以木头和玻璃材料建成的，就像当时家庭主妇们在塞纳河边洗衣服的船屋一样，因而被命名。这栋建筑本身没有入口，我们不得不去找隔壁大楼的门房帮忙。门房说，这栋房子与蒙马特尔丘陵的侧面相接，入口的位置比最高的那层楼还高，因此进入这栋建筑后需要下楼通往各个楼层。当我走到毕加索住处的门前，发现那扇门被朋友们的留言所覆盖："马诺洛（Manolo）在阿松（Azon）家……托多特（Totote）来了……德兰今天下午会来……"

我敲门后，一个光着双脚、衬衫前襟敞开的年轻人打开了门，拉着我的手进屋。他是几天前就来到的那个年轻人，还带来一位老先生，名为沃拉德。沃拉德经常开玩笑说有一个年轻人，他的父母在他第一次领圣餐的仪式上赠予他一个画廊。

我走进毕加索的工作室，那里——拉维尼昂街上的画室——的环境是永远无人能理解的贫困和悲惨。顺便说一句，格里斯（Gris）的画室可能比毕加索的画室还要糟糕。壁纸半垂挂在木板墙上。画作上灰尘满满，沙发上放着卷起的画布。炉子旁的灰烬早已堆积如山。这里的环境实在太可怕了。在这里，毕加索和一个名叫费尔南德的漂亮女人，以及一只非常大的狗福利卡（Fricka）住在一起。我看见了乌德（Uhde）告诉过我的那幅巨型画作，那幅作品后来被称为《亚威农少女》，它是立体主义绘画的起点。我想让你们知道，即使是像毕加索这样在绘画界受人景仰的大师，在当时也受到了可怕的孤立。那时他的画作在所有画家眼里是疯狂或怪诞的，没有一个画家朋友跟随他的绘画风格。布拉克是通过阿波利奈尔认识毕加索的，他曾经说过，在他看来，毕加索就像是一个喝了汽油后嘴里喷火的人。德兰曾对我说过，总有一天，人们会发现毕加索被吊死在他的巨型画作后面，因为他的创作举动是如此令人绝望。所有看过这幅画的人，那时都认为这幅画已经完成了，但毕加索不那么觉得。不过，画作还是保持了原样，由两个截然不同的部分组成。左边那一半，几乎是单色的，仍然与他"玫瑰红时期"的人物有关（但在这里，他鬼斧神工般进行创作，正如他们当时所说的那样，画作内容塑造得更加强烈）；而右边的那一半，颜色鲜艳，五彩缤纷，是一种新艺术的真正起点。

克雷米厄：你和沃拉德谈论过《亚威农少女》吗？

卡恩韦勒：哦，你知道，那时候我几乎没见过沃拉德。我是后来才见到他的。沃拉德只是相隔很长时间才来找毕加索。但我很清楚的是，当时沃拉德并不欣赏毕加索所画的作品，他不再向毕加索买任何画作就是他不喜欢毕加索那时的画的最好证明。沃拉德肯定见过《亚威农少女》，相信他和当时的其他人一样都非常不高兴。

克雷米厄：你还记得你和毕加索在这幅画面前的第一次对话吗？

卡恩韦勒：真不记得了，我只记得我必须马上告诉他，我觉得他的画作非常棒，我被深深震撼到了。

丹尼尔 – 亨利·卡恩韦勒
《我的画廊和我的画家》（*Mes galeries et mes peintres*）
节选自《弗朗西斯·克雷米厄访谈录》（*entretien avec Francis Crémieux*）
伽利玛出版社，1961 年、1998 年（新增版）

布拉塞（Brassai, 1899—1983）是匈牙利裔摄影师，1923 年来到巴黎，在那里他结识了毕加索。他拍摄了毕加索所有的雕塑，并为他拍摄了著名的照片。

1943 年 11 月 30 日

今天，我要拍摄一张《抱羊之人》的照片。作品中的"好牧人"用他狂热的目光看着我。作品很重，我不可能移动它。因此，我只能绕着轴心使它旋转。如何找到合适的背景呢？如何打光？在画室的中央，它完全在阴影当中。

毕加索走进画室，与一位英俊、风度翩翩的秃顶绅士进行了热烈的讨论。他介绍我们两人认识，我只记得他的名字，毕加索不停地重复：鲍里斯（Boris），鲍里斯……鲍里斯非常关注我对《抱羊之人》的拍摄。他的建议使我难以忍受，"你应该这样做""你不要那样做""这样打光会更好"。他对自己意见的坚持使我恼火。毕加索也被他惹恼了，于是插嘴说："你在浪费你的时间，鲍里斯。布拉塞对他的拍摄十分有把握，你在舞台打光上的经验对他没有用……"

我和《抱羊之人》面对面站着，它给我带来的挑战比其他雕像要更多。我给它拍了几张正面的照片、四分之三部分的照片、侧面的照片……每次，为了转动它，我都小心翼翼地抓住它的腰部，因为那只可以在它的怀里摇晃的羊是非常脆弱的……我快完成了，但在我离开它之前，我想再拍一次，也许可以拍出它另一个有趣的角度……我再次抓住它，轻轻地把它旋转了四分之一圈。这时，随着一声巨响，我听到一只小羊羔的腿掉了下来，摔在基座上，碎成了几块，那条腿正大胆地往前迈着……

我一直担心发生这样的事故……它总有一天会不可避免地发生的，我就知道……在过去的3个月里，我把毕加索所有的雕塑都抬起过、旋转过、向前移、向后退，把它们放在即兴选择的、不稳定的基座上，这些都是在我没有任何帮助的情况下进行的操作，充满着风险。之前没有打破任何一个，那是奇迹……

刚开始的情绪过去后，我决定告诉毕加索。我知道他自信地认为《抱羊之人》是他的得意杰作之一。他会有什么反应？他肯定会发泄他的怒火，就我个人而言，我从来没有面对过毕加索的愤怒……还是说先把这件事告诉萨瓦特斯会更好？这样比较好缓和他的怒火，不过他今天早上都没有出现……当我检查羊蹄碎片时，我注意到它并没有牢固地附着在雕塑上，起固定作用的钉子已经使石膏开裂了，即使是最轻微的震动也会使它破裂，这是关键的原因……雕塑的复仇女神轻声对我说："我不容忍任何鲁莽行为造成背离原则性的错误……我斩首、截肢、削足……我磨碎手指、鼻子、耳朵、大力神的腿和维纳斯的手臂等任何东西，让它们离开身体……它们都能够自己聚集起来重新回到身上，时间、风、天气、破坏者、摄影师都不能造成任何影响，就像一只卷曲的昆虫，遇到危险时能缩回四肢，假装死亡。我希望雕像成为这样。"我反对说，这座雕像原来应该是青铜铸造的，它容许一切损伤……

最后，我把这个消息告诉了毕加索……他没有尖叫，也没有咆哮……我没有看到他像牛头怪鼻子喷火那样发怒……这会是个坏兆头吗？那我岂不是见证过他那冷酷的怒火，还有那因集中的怒火而变白的脸？这不比那些当场爆发的怒火更危险吗？他一言不发地跟着我……就像一个技术人员或专家一样检查碎片……没有缺少任何一块。他看到了钉子和裂缝。"没什么大不了的，"他平静地说，"固定钉子的槽口不够深，过几天我会把它修理好的……"

与此同时，萨瓦特斯过来了，毕加索把这次"事故"告诉了他。

萨瓦特斯说："我知道你为什么把它弄坏了，这样其他的摄影师就没有机会再拍摄这个作品了……你这么做的理由十分充分！当你把毕加索的雕像都拍摄完时，你把它们都打碎……你可知道你的照片会有多高的价值吗？"

一个小时后，当我离开时，毕加索说："我没有生气，不是吗？"

布拉塞
《与毕加索的对话》
伽利玛出版社，1964 年版、1997 年版

法国作家安德烈·马尔罗（1901—1977）为了保卫西班牙共和，在 1936 年参加了国际纵队。他对艺术的热爱使他成为毕加索的代言人。1966 年，在他担任文化部长期间，他在大皇宫国家美术馆组织了毕加索展览。

马尔罗：黑曜岩头像

其中一个铸件是残缺不全的小雕像的铸件；他还发现了另外一个重新塑造后的小雕像铸件：上半身和连接上半身的双腿，在巨大的臀部和腹部两侧对称地伸出。

"我可以用一个被纺锤穿过的西红柿来展示它，不是吗？"

还有，他雕刻的鹅卵石、小青铜器、《一杯苦艾酒》（Verre d'absinthe）复制品，以及一只蝙蝠的骨架。他把一张关于《克里特女人》（Crétoise）的照片拿了出来递给我，照片并没有传达出艺术品的尖锐内涵。

"这些我都是用一把小刀完成的。"

"雕刻本就不应该受到年龄的限制……"

"这才是应当拥有的态度。绘画也应该是不受年龄限制的。我们必须扼杀现代艺术，再创作出一个新的。"

毕加索说："有人说过，我们会喜欢上与我们相似的东西，但我的雕塑一点也不像我的偶像！估计只有布朗库西（Brancusi）会喜欢上吧？所以，不用那么在意相似之处！在《亚威农少女》中，我在正面的脸上画了个侧面的鼻子（还必须把它画得歪歪斜斜的，这样才配得上它'鼻子'的名称）。我们谈过黑人艺术，难道你没有见过黑人雕塑？它们不就是一个正面的面具上有个侧面的鼻子吗？我们都喜欢史前绘画，但没有一个人的脸像它们！"

在《格尔尼卡》的时代，他在同一个画室里对我说："黑人面具并没有以它们的形式影响到我，相反，它们让我明白了我在绘画领域上的期望。"他站在那里看着基克拉泽斯（Cyclades）出土的、与小提琴形状相似的人像，那自然表露出来的惊讶面孔又变成了他看照片时的凝重表情。就那么一瞬间的变化，我已经悄然发现。（布拉克曾经告诉过我他"梦游"的一面）他一动不动，还在说话；室内的光线和空气是一样的，街上不断有声音传进来，而他却在刚刚陷入了一种痛苦和悲伤。他不说，我也知道。我倾听他说话，我听到了他描述西班牙内战的一句话："我们西班牙人早上是弥撒，下午是斗牛，晚上是妓院。在这些东西中，又有什么情绪包含在内呢？是悲伤，一种奇怪的悲伤。就像埃斯库里亚尔（Escurial）。然而我是个快乐的男人，不是吗？"他看起来确实很开心。

安德烈·马尔罗

《黑曜岩头像》

伽利玛出版社，1974 年

克里斯蒂安·泽尔沃斯（1889—1970）作为一名希腊作家、画商以及艺术出版商，于 1926 年创办了《艺术笔记》杂志，刊登了许多关于毕加索与其作品的文章。1932 年，他开始编制毕加索作品的完整目录。杂志最后一期发刊于 1978 年。

与毕加索的对话

我对待我的画就像对待事物一样。我画一扇窗户，就像我从窗户里往外看一样。如果这扇开着的窗户在我的画中不合适，我就画上拉起来的窗帘，把画中窗户给关上，就像我在卧室里一样。你必须用在生活中的态度去面对画画。当然，绘画有它的原则，是绘画中必须考虑的、必不可少的、不可选择的原则。因此，我们必须不断地看到生活，将生活带入创作中。

艺术家容纳了来自四面八方的情感，它可以来自天空、大地、一张纸、一个路人、一个蜘蛛网。这就是我们在绘画中不应该区分事物的原因。对绘画题材来说，没有好坏之分。你必须把你的目光带到你能找到的地方，你自己的作品除外。我讨厌抄袭自己的旧作，但是当有人给我看一箱前人的旧画时，我会毫不犹豫地吸取我想要的任何东西。

画家必须经历灵感丰富和枯竭的两种状态，这就是艺术的所有秘密。我在枫丹白露的森林里散步，竟然得了绿色消化不良。我必须把这种感觉发泄在画布上，而绿色就是画布上的主导颜色。画家作画，就像是迫切需要卸下他的感觉和幻象，人们则用它来遮蔽自己的裸体，竭尽所能获取他们所需，不过，我相信最终他们什么也没拿到，只是裁剪了一件与他们的误解相称的衣服。从上帝到画布，他们做的每件事都根据他们自己想要的形象，这就是固定墙上画作的钉子是绘画作品的破坏者的原因。绘画作品总是有一定的重要性，至少对制造它的人来说很重要；就在它被买下来挂在墙上的那天，它获得了另一个层面的重要性，而创作的价值就相对降低了。

关于美的学术教学是错误的。我们被欺骗了，而且欺骗的手段是如此的天衣无缝，以至于我们再也找不到真理的影子了。帕特农神庙的美人、维纳斯、仙女、水仙，这些都是谎言。

每个人都想做到真正理解画，但为什么我们不试着去理解鸟儿的歌声呢？我们爱夜晚、花朵，以及周围的一切，那为什么不去了解它们呢？而对于绘画，我们却如此想要去理解。最重要的是，他们明白艺术家的作品是基于生活的需要，而画家本身就是世界上微不足道的芸芸众生之一，对画作的重视不应该比对自然界中许多令我们着迷但我们无法解释的东西更多。那些试图解释画的人，大多是走错了路。不久前，格特鲁德·斯坦（Gertrude Stein）高兴地告诉我，他终于明白了我的画所代表的是什么：三位音乐家。那只不过是一幅静物画罢了！

克里斯蒂安·泽尔沃斯

《艺术笔记》

1935 年

海伦·帕尔梅林（Hélène Parmelin），是作家、画家爱德华·皮尼翁（Édouard Pignon）的妻子。在 20 世纪 50 年代，他们都是毕加索和他的妻子杰奎琳的好朋友。

绘画也能作为攻击的武器

一些人认为绘画最终不会产生任何结果，还把它视为"一只不危险的动物"，毕加索对此喊道："说这些话前，你必须非常小心。用衣服上所有的纽扣，甚至纽扣孔和纽扣上的小倒影来画一幅肖像是非常漂亮的；但你要当心，总有一天，这些纽扣会从图中跳出来，扑到你身上……"

"你必须非常小心你的所作所为。因为当你认为自己处于最不自由的时候，你才有可能是最自由的！当你会扇动巨大的翅膀飞翔时，并不会阻碍你原本走路的能力。"

毕加索在瓦洛里斯画《跳绳的小女孩》时，在最初的版本中，地面以一条细小的线条表示，或者更确切地说是一块小小的阴影。

不久前，他收到了与画主题一致的雕塑，这座雕塑是用青铜铸造的，现存于圣母村。

在他组装雕塑元素的时候，雕塑成为他对现实的主要研究。小女孩在空中的问题不再是这幅画的难题。

但必须找到创新雕塑的出路，应该怎么做呢？有一天，毕加索看起来很开心，他刚刚找到了能够解决《跳绳的小女孩》这座雕塑的空间存在问题的方法。"我找到了"，他说，"当小女孩腾跃在空中时，是什么支撑她在上面？那当然是绳子啊！我怎么没想到呢？只需要看看现实情况就可以知道了啊……"

永远的对立面

毕加索最常被引用的一句话是："我不是在寻找，我是在发现。"

如果他真的说过，那这句话是非常大胆和肯定的，只有不断地证明它的对立面才能解释它。

"我们从未完成寻找，因为我们永远发现不了。"

事实上，他每次都在寻找，每次都能发现。他刚画完一幅画，就看着它，寻找他自己刚刚放在里面的秘密。他又画另一幅画，画作把他带到他不想去的地方，或者是他引领着画作去到它不想去的地方，以此类推，不断上演上述情形……

给万物起名字

我们在一块大的白色画布上看到几条细长的线，这足以代表着两只胳膊、两只手和十根手指，或者是双手紧握、十指缠绕的力量，再或者是手放在膝盖上的重量、它们的形状，甚至一切。毕加索说："画家需要的是给万物起名字，我为眼睛、脚、膝盖以及趴在我膝盖上的爱犬的头起名字……就起名字，仅此而已，这样就很好了，足够了。"他补充说："我不知道当我起名字的时候，你们是否确切明白我的意思。起名字，就是说出一个名字，想想看艾吕雅的诗歌《自由》（*Liberté*）：

> 我给你起名字，自由……
> 我生来就是要认识你的
> 我给你起名字，自由……

他给它起了名字，这是一个艺术家正确的做法。

自由的枷锁

"自由，"毕加索说，"在绘画和其他一切事情上，我们要特别小心。无论你做什么，你都会被自由的锁链锁住。不做一件事的自由，反而会强迫我们去做另一件事，这就是锁链。自由是会说谎的，用同样的话，它就会变成完全不同的东西，有时甚至相反。"

"杰奎琳曾经说过，"他补充道，"你说话的时候，就像在播撒种子。有时种子发芽开花，但有时它们会消失。"

完成一幅画

真正的画家在获得桂冠后是不能够停下脚步休息的，他们只能过着那永无止境、痛苦的画家生活，用一生和绘画斗争，直到离世。画家是永远不会满足的。

"但最糟糕的是，"毕加索说，"画家从来没有能够完成上述要求的时候，也从来没有一个时刻能够说'我工作得很好''明天是星期天，可以休息'等话。一旦画家停下来休息，那一切就会重新开始。你可以把画布放在一边，说你永远都不再碰它，但你永远不能说'结束'这一词。"

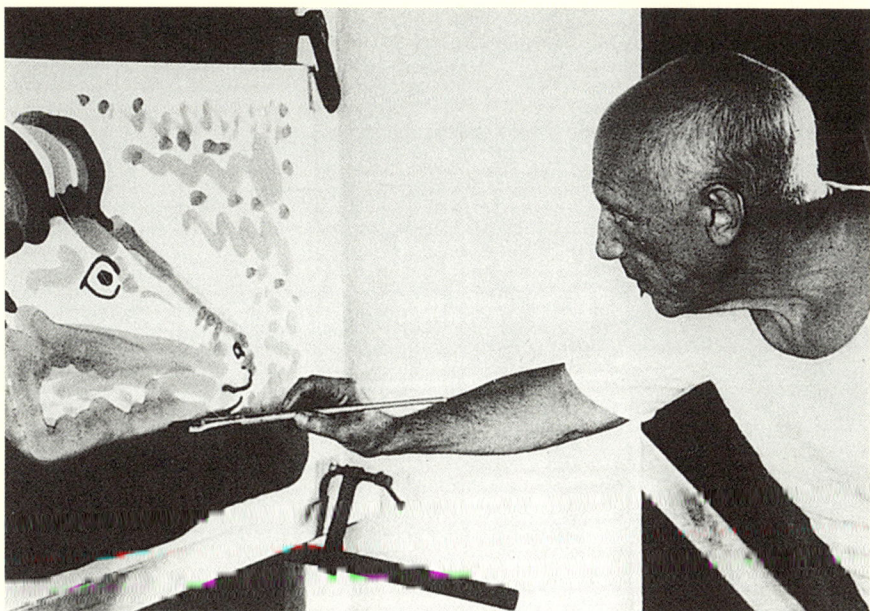

导演亨利 - 乔治·克鲁佐在 1955 年拍摄的纪录片《毕加索的秘密》中的剧照。

真相?

"什么真相?"毕加索说,"真相不可能存在。如果我在我的画布里寻找真相,我可以以真相为主题画 100 幅画,但哪一幅画是真的?真相又是什么?是被我当作模特的那个东西,还是我画的画作?不,就像其他一切事物一样,真相是不存在的。"

"我记得,"保罗·毕加索说,"当我还是个孩子的时候,我经常听到他说,'真理就是谎言'。"

海伦·帕尔梅林

《毕加索说》(*Picasso dit......*)

1966 年

毕加索与诗歌，毕加索与诗人

毕加索从刚抵达巴黎，到他生命的尽头，都与20世纪最伟大的作家们——马克斯·雅各布、阿波利奈尔、科克托、艾吕雅、布勒东、阿拉贡、勒韦迪、沙尔等人，保持着丰富又持久的友谊。从1935年起，他以画诗和两部戏剧——《被尾巴抓住的欲望》（创作于1941年）及《四个小女孩》（*Les Quatre Petites Filles*，创作于1952年）——进入了新的领域。

保罗·艾吕雅（1895—1952）是毕加索在超现实主义时期的朋友兼政治盟友。1936年至1939年间，毕加索与艾吕雅和他的妻子努施关系密切，毕加索还为这位作家的许多书籍和诗歌创作了插图。

巴勃罗·毕加索是世界上非常伟大的人物之一，他用一生证明了自己的生命价值，即使他已离世，我们也无法说他已完全离开这个世界，他的影响力犹存。在征服了世界之后，他有勇气超越自己，确信自己不是要征服世界，而是要与世界相媲美。他说："当我没有蓝色时，我就用红色。"他用的不是一条直线或曲线，而是打破了一千条线，这些线在他身上重新找到了它们的统一性和真理。他无视公认的客观真实的概念，重新建立了客体与主体之间的联系。因此，他以最大胆、最崇高的方式向我们提供了人类和世界不可分割的证据。

从毕加索开始，闭门造车的墙壁倒塌了。画家既不放弃自己的现实，也不放弃世界的现实。他站在一首诗前，就像诗人站在一幅画前一样。他梦想着，去想象，去创造。突然间，虚拟的物体从真实的物体中诞生，它反过来变成真实。画家创作出形象，从虚幻转为真实，就像一个词和其他所有的词组合在一起，就有不同的意义。我们不会再弄错客体，因为一切都是一致的、相互联系的、相互促进的、相互替代的。

保罗·艾吕雅

《致巴勃罗·毕加索》

三山出版社，日内瓦，1944 年

雅克·普莱维尔（1900—1977）。毕加索和普莱维尔相识于 20 世纪 50 年代。是他们的幽默和幻想让彼此走到一起。普莱维尔把诗献给毕加索，毕加索则给了他许多拼贴画。

毕加索的漫步

在一个真实的圆形瓷盘上

摆着一个苹果

和它面对面的

是一个写实的画家

徒劳地尝试着画

苹果的本来面目

但是

苹果不允许这种情况发生

苹果

自己有话要说

苹果诡计多端

苹果

它在旋转

在它真实的盘中

偷偷摸摸地绕着自己

静悄悄地一动不动

就像吉斯公爵把自己伪装成煤气罐

因为人们不管怎样都要替他画像

苹果把自己伪装成美丽的果子

然后

写实的画家

开始意识到

苹果的所有模样都与他背道而驰

还有

就像那不幸的穷人

犹如一个可怜的穷民忽然发现自己被摆布丁任何慈善团体

这些机构既慈善又可怕

不幸的写实画家

然后突然发现自己成了无数观念联想的可悲牺牲品

转动的苹果让人想起苹果树

人间天堂和夏娃还有亚当

喷壶、马铃薯、树篱、楼梯、金帅苹果、苹果酒、斑皮苹果、红皮小苹果

网球场上的蛇的誓言和苹果汁

和原罪

和艺术的起源

还有瑞士与纪尧姆·泰尔

甚至艾萨克·牛顿

在万有引力的展览中多次获奖

宇宙

和画家昏昏欲睡，看不见模特

然后睡着了

就在那时候毕加索

在那里经过，就像他到处去一样

每天都像在家里一样

看到苹果、盘子和睡着的画家

画苹果是个什么想法啊

毕加索说

毕加索吃了苹果

苹果和他说谢谢

毕加索打破了盘子

微笑着离开

画家就从梦中解脱出来

像拔牙一样

独自一人站在他未完成的画作前

在他盘子的碎片中间

是可怕的真实的苹果籽

雅克·普莱维尔

《话语》（*Paroles*）

伽利玛出版社，1976年版、2004年版

1935年，毕加索进入了一个新的领域——写作。几个月后，他放下了画笔，开始用西班牙语或法语写诗，有时在纸上进行图画和上色，用划痕、斑点进行装饰。然后，他还写了两部戏剧《被尾巴抓住的欲望》（创作于1941年）和《四个小女孩》（创作于1952年）。

这一幕发生在令人痛苦的别墅的下水道、卧室、厨房和浴室。

忧虑瘦小姐：我不健康的激情开始燃烧，点燃了永久镶嵌在彩虹金色角落的棱镜上被多情冻伤的伤口，并将其蒸发成五彩纸屑。我只是那被冻结在火炉玻璃上的灵魂。我把我的肖像拍打在我的额头上，向关闭着的窗户呼喊出我的痛苦，以获得所有的怜悯。我的衬衫被我那像坚硬扇子般的眼泪给撕成碎布，硝酸叮咬着我手臂上的海藻，我拖着我的衣服赤脚走过，挨家挨户

地发出尖叫。我昨天在人脚先生那里花了 0.40 法币买了一小袋果仁，这袋果仁仿佛灼伤了我的手。溃烂发脓的瘘管在我心中，而爱在它翅膀的羽毛间玩弹珠。那台古老的缝纫机将马和狮子从我充满欲望且杂乱的旋转木马上扔下来，把我的香肠肉给切碎，并将其活生生地奉献给死胎冰冷的双手，它们用饿狼般的饥饿和仿佛能喝下整个海洋的口渴敲击着我的窗玻璃。巨大的木柴堆等待着它们的命运。让我们做汤吧。（阅读食谱）八分之一的西班牙甜瓜、棕榈油、柠檬、豆子、盐、醋、面包屑；用小火慢煮；时不时小心翼翼地把悲伤的灵魂从炼狱中拉出来；冷却；在日本帝国复制 1000 份，并把冰及时取出来，以便拿去喂章鱼。（从他们床上的下水道洞口里尖叫）姐姐！姐姐！来吧！来帮我摆桌子，把沾满血迹和粪便的脏衣服叠好！快点，姐姐，汤已经凉了，在冰柜的镜子里裂开了。我花了整个下午的时间在这汤里编织了 1000 个故事，如果你想把骷髅上的紫罗兰花束的结构留到最后，它就会在你耳边秘密地告诉你。

忧虑胖小姐：她从满是炸薯条的床单上站起并走了出来，浑身污垢，衣衫褴褛，手里还拿着一个旧平底锅。

我从很远的地方赶到这里，这位伟大的染色师被我在灵车后面跟着鲤鱼跳所表现出的长期耐心所震惊，他在他的账目中如此细致地记录着，想把它放在我的脚下。

忧虑瘦小姐：太阳。

忧虑胖小姐：爱。

忧虑瘦小姐：你是多么美丽！

忧虑胖小姐：今天早上，当我从我们家的下水道里出来的时候，在离大门一步之遥的地方，我脱下翅膀上那双沉重的铁鞋，随即跳进了冰冷、悲伤的水中，让自己被波浪带向远方，远离岸边。我平躺在水面上，躺在水里的垃圾上，长时间地张着嘴巴，接收着我流下的眼泪。我闭着眼睛，也接收着这漫长的花雨的桂冠。

忧虑瘦小姐：晚餐准备好了。

忧虑胖小姐：快乐、爱和春天万岁！

忧虑瘦小姐：来吧，把火鸡切成薄片，然后用来做馅料。巨大的痛苦和恐惧已经在向我们挥手告别。花束已经在向我们挥手告别。贻贝的外壳紧咬牙关，在无聊的冰冷耳朵下因恐惧而死了。（她拿起一块面包，蘸上酱汁）这碗粥缺少盐和胡椒。我姑妈有一个酒神，他整晚都在唱古老的饮酒歌曲。

忧虑胖小姐：我又开始吃鳕鱼了。这种食物的辛辣味道强烈地刺激着我的味蕾，我喜欢辛辣的食物和生肉。

忧虑瘦小姐：我那天在白色舞会上穿的蕾丝连衣裙，是我在橱柜顶上找到的。裙子上面布满了污渍和灰尘。在时间的流逝下，我内心里燃烧着灼热的痛苦。裙子被挂在那儿已经很久了，可能是我们家的女佣把它挂上去的，为了去看她的男人。

忧虑胖小姐：看，门在震动。有人在里面。是邮递员吗？不，是馅饼小姐。（致转向馅饼小姐）回家吧。快来和我们一起品尝吧。你一定很高兴的。告诉我们大脚先生的消息。今天早上，洋葱到达时脸色苍白，浑身湿透，还受了伤，额头被长矛刺穿。它在哭。我们竭尽全力地照顾和安慰它。但它遍体鳞伤，浑身是血，像个疯子一样语无伦次和尖叫。

忧虑瘦小姐：你知道吗？那只猫昨晚生了孩子。

忧虑胖小姐：我们把它们埋在坚硬的石头里，就像埋在一颗美丽的紫水晶里。令人早上天气很好。有点冷，但还是很热……

馅饼小姐：我有 600 升母猪的奶。火腿。双倍脂肪。香肠。内脏。血肠。我的头发上沾满了香肠片。我有淡紫色的牙龈、含糖的尿液、沾满鸡蛋清的双手、有洞的骨头、苦的胆汁、溃疡、瘘管病、颈结核性淋巴结炎。我的嘴唇因吃蜂蜜和棉花糖而扭曲，不过我穿着得体、干净，优雅地穿着别人给我的可笑衣服。我是一个母亲，也是一个完美的快乐女孩，我知道如何跳伦巴舞。

忧虑瘦小姐：你会得到一罐油和一根钓鱼竿。但首先，你必须和我们所有人一起跳舞。从大脚先生开始。

音乐响起，每个人都在跳舞，每时每刻都在变化。

大脚先生：让我们把破旧的床单包裹在天使的米粉里，把床垫扔到荆棘丛中；让我们点亮所有的灯笼；让我们全力以赴，让鸽子飞向子弹，把被炸弹炸毁的房子锁上。你！你！你！

在巨大的金球上，出现了单词"无人"。

窗帘

《被尾巴抓住的欲望》第五幕，第二场
伽利玛出版社整理，想象文学，1995 年

毕加索与戏剧

对一个画家来说，戏剧是一种丰富而原始的表达方式：将他的画作转化为舞台空间，将他的色彩感、他的形式发明、他对服装创作的敏感性与文本和音乐和谐地结合在一起。战后，毕加索受到朋友让·科克托的鼓励，去为谢尔盖·德·加吉列夫的俄罗斯芭蕾舞团设计布景和服装。1917 年至 1924 年间，他与当时的伟大音乐家一起创作了几部芭蕾舞剧：《游行》、《三角帽》（Le Tricorne）、《墨丘利》（Mercure）、《普钦奈拉》。

我亲爱的朋友：

你问我一些关于《游行》的细节。在这里，他们太匆忙了。请原谅他们的风格和混乱。

每天早晨，我都会收到新的辱骂，有些是来自很远的地方，那些批评者从来没有看过或听过我们的作品，就这样无情地反对我们；就像填不满的深渊一样，我们不得不像亚当和夏娃一样重新开始，后来，我找到了一种更值得尊重的方式，即永远不回应。在之后的日子里，我带着同样惊讶的目光去看待所有性质的文章，比如侮辱、鄙视我们的文章，宽容与微笑讨论的文章，还有对我们表示祝贺的文章。

面对这堆短视、缺乏文化和麻木不仁的家伙，我想起了我们——萨蒂、毕加索和我——令人钦佩的几个月。在那几个月的时间里，我们爱上了、寻找了、探索了、逐渐地结合了这个如此充实的小东西，而这个小东西的羞涩恰恰在于它不具侵略性。

这个想法是在 1915 年 4 月的一次休假期间产生的（当时我在军队里服役），当时我正在听萨蒂和瓦因斯（Viñes）四手联弹的《梨之形》（Morceaux en forme de poire），这个想法突然萌生在我脑海里。标题让我感到惊讶。一个可以追溯到蒙马特尔的幽默态度，使心不在焉的听众无法好好聆听来自阿尔克伊的好老师的音乐。

一种心灵感应激发了我们一起合作的渴望。一周后，我加入了前线，给萨蒂留下了一大捆笔记和草图，这些笔记和草图将为他提供中国人、美国小女孩和杂技演员的主题（当时杂技演员是一个人）。这些指示一点也不幽默，相反，它们强调了马戏团棚屋背面的人物延伸。中国人能对传教士施以严刑，美国小女孩能在泰坦尼克号上沉没海中，杂技演员能够与天使们交心，彼此信任。

渐渐地，一首新的乐谱出现了。在这首乐谱中，萨蒂似乎发现了一个未知的维度，通过这个维度，人们可以同时欣赏到《游行》的主题和舞剧中的背景音乐。

在第一个版本中，剧团中的经纪人是不存在的。在每一次音乐厅演出之后，扩音器都会发出一段话语（是一种留声机对市集喧嚣的戏剧模仿，也是现代时尚的古老面具），唱着一个典型的句子，总结了人物的背景未来，打开了人物的梦想大门，让观众得以窥见些许。

当毕加索向我们展示他的草图时，我们明白了将三个彩印图片变成非人类、超人类的强烈对立的有趣之处，这最终将成为舞台上的虚假现实，直到将真实的舞者缩小成木偶尺寸。

因此，我想象着那些凶残的、没有教养的、粗俗的、吵闹的剧团经纪人们会破坏他们所赞美的东西，他们怪异的外表和举止也会激发所有观众的仇恨、笑声和耸肩。

在《游行》的这一阶段，三位演员坐在管弦乐队里摆姿势，对着传声筒大叫。

后来，在罗马，我们和毕加索一起去找莱奥尼德·马辛（Léonide Massine），邀请他设计布景、服装和舞蹈。我发现只有一个声音的话，即使声音被放大了，仍不符合毕加索设计的要求，这不仅会令人感到震惊，而且还产生了一种无法忍受的不平衡。剧团经纪人需要三种不同的声色，但这又大大偏离了我们简单的原则。

就在那时，我们用沉默中的脚步节奏代替了声音。

没有什么比这种沉默和脚步声更让我满意了。我们的人物很快就像电影里那些有凶猛习性的昆虫一样。他们的舞蹈是一场有组织的意外事故，这些踏错的舞步被延长并以赋格的纪律交替进行。在这些框架下移动的不适感，非但没有使编舞变得乏味，反而迫使动作打破旧的公式，寻找新的灵感。重点不在那些可以移动的东西中，而是在根据我们进行曲的节奏移动的东西中。

在最后一次排练中，纸箱工人送来的不太好看的马骨架，变成了方托马斯马车上的一匹马。我们的笑声和舞台工作人员的笑声使毕加索决定把这个偶然的马道具给留下来。但我们不知道公众会不会接受这项内容。

剩下的是《游行》中的三个角色，或者更确切地说是四个角色，因为我把杂技演员的数量从一个变成了一对，让马辛能够在我们追求现实主义的背后延伸出意大利双人舞的模仿。

与公众想象的相反，这些角色比剧团经纪人更接近于立体派。经纪人们是装饰人物，是毕加索的移动肖像，他们的结构本身就要求了某种舞蹈模式。对这四个人物来说，他们需要采取一系列真实的动作，并将其转化为舞蹈，而不会失去其真实的力量，就像现代画家从真实的物体中汲取灵感，将其转化为纯粹的绘画，同时也不会忽视它们的体积、材料、颜色和阴影的力量。

让·科克托
《公鸡和杂技演员》（ *Le Coq et l'Arlequin* ，1918 年）
斯托克出版社，1979 年

毕加索与陶瓷

作为一种古老的地中海艺术，陶瓷使毕加索能够将他作为雕塑家和画家的天赋结合起来。1946 年，毕加索遇见了在瓦洛里斯经营一家陶瓷厂的拉米耶夫妇。他们的相遇促使毕加索探索这项新技术的所有潜力。他又一次创新，颠覆了传统，其大胆让专家们大吃一惊。"一个像毕加索这样工作的学徒是找不到工作的。"拉米耶肯定地说。

陶瓷老师眼中的毕加索

很快，在一个无穷无尽的领域里有令人兴奋的发现，其中许多的原则早已提出，但被放弃，然后被遗忘！几个世纪以来，如此多的研究人员一直在贪婪、耐心地解开这个谜团，难道你以为一切都被说过了吗？所有形式的表达都被描述过了，所有创造的可能性都被更新了吗？……无论如何，古代工艺的多样性事实上被认为是远远不够的。好比画家被限制在画布和油料的相对有限性中，他会寻找一个在空间和移动调色板面前解放自由的方法。因此，其想象力的无限扩展，就像一个新的创作领域突然被发现一样。

毕加索之所以能够做他所做的事情，难道仅仅是因为他生来就是毕加索吗？当然不是。毋庸置疑，这是因为他时刻保持警惕，不断发现自己，多年来，每时每刻都有一个新的毕加索从之前的毕加索中浮现出来。这种令人眼花缭乱的演变解释了他创作过程的多样性、素材的差异性、手段和表达方式的包罗万象。

对他来说，陶瓷只是他涉猎的众多领域中的一个，又是一个可以带给他启示和谜团的媒介。许多业余爱好者可能会欣赏他所提供的东西，但他们也会想知道呈现给他们的是用什么微妙的材料、什么意想不到的调色板、什么未知的陶土制作成的。毕加索知道如何将另一个时代的资源与他的才华和想象力相匹配，并反过来向其他人提出他向自己提出的问题，而在回答这些问

20世纪50年代，毕加索在瓦洛里斯的陶瓷作坊里。

题时，他又超越了这些问题。

他超越了这些问题，凭着讯猛的革命精神，不去逃避陈词滥调，不因为性情拒绝既有想法，不受约束地寻求自然灵感的扩张，不断地发现自己和宇宙。这种有时令人不安的活力，这种创造性的力量，这种像烟火一样喷射而出的活力，以及所有这些令人惊讶和着迷的发现，达到了一种心灵状态的顶峰，而这种状态的进步已经从我们身边溜走了，它们是精神和信心的范畴。

毕加索的陶瓷以其不可预测性和神秘性为特色，构成了一个难忘的冥想和感性时刻。因此，我们将从他和他的西班牙式魅力中，得到一种新的、令人钦佩和着迷的思考方向。

在偶然的机会下，我们幸运地得到了教授他这门技艺的机会，并且有幸与这位杰出的学生一起生活和工作了很长时间，请允许我们向他最感人的美德致敬。正是这种美德使毕加索能够在这一领域有所成就。当然，这还要归功于他非凡的创造力，他不断创造新事物的需要以及他适应新事物的即时能力。他十分谦逊，正是这种谦逊使他能够在面对一片荒芜的土地时，也能怀着对丰收的渴望和热情耕种这片土地。

拉米耶夫妇
写于瓦洛里斯的马杜拉
1948年4月

毕加索与斗牛

毕加索从灵魂到血液，完全是一个地道的西班牙人，他和他的同胞戈雅一样，是斗牛题材的杰出画家。小时候，他和父亲一起去马拉加的斗牛场，画了他的第一张斗牛画。他每一次去西班牙，都会画一些关于公牛、受伤的马、斗牛士的死亡之类的画作。

画家毕加索：斗牛士多明吉尼

巴勃罗对我所做的每件事都很感兴趣。他期待着我可能获得的成功。当他听到我退休，或者是我死在竞技场上的消息时，他也会很高兴，他会哭着说："他已经完成了他的生命使命。"作为把所爱的人置于一次又一次的可怕焦虑之中的斗牛士，他们本能地辨认那些披着华丽衣服的人，以及那些以本来样貌示人的人。本质上，毕加索就是一个斗牛士；他也能认出那些被他的名声所吸引的阿谀奉承的小人。

在对他献上数百次敬意的人群中，他可以辨认出那些带着心机和功利接近他的人。一个奉承他的人，更多的是因为他的名字而不是他的工作。他们称赞毕加索的作品却完全不懂其内涵。也许正是这种相同的对盛名的抗拒，大大加深了我们的友谊。

我可能是法国唯一一个在比赛中拒绝向毕加索的公牛"布兰迪"（brindis）挑战的斗牛士。今天，我是那个和毕加索聊了几个小时的人，我很高兴能和他聊天，享受和他的友谊，同时拒绝为他摆姿势。在我看来，如果我为他而战，他为我作画，我们就会失去亲密感，会被职业计划所束缚。当毕加索向我展示他最近的一些作品时，我注意到了他的一丝羞赧。至于我，每次他在斗牛后来看我时，在我的酒店房间里，我感到的不仅是害羞，而且还有惭愧，面对他这样一位伟大的画家，我心怀崇高敬意。

我们两家经常聚在一起。我们花了很长时间谈论很多事情。我看着他工

毕加索在尼姆（Nîmes）主持斗牛。他的左边是贾桂琳·罗克，右边是杰奎琳·罗克。他的身后是帕洛玛、玛雅和克劳德。

作，听他读他的作品，在我看来，这些文字作品和他的绘画作品一样重要，因为，绘画是人类情感至高无上的"书法"作品。

我在毕加索身上发现了与我们对他的印象完全不同的一面，不幸的是，这一面的他和我们在街上遇到的人一样平凡。有时，在看台上，我看到一个非常漂亮的女人，我不由自主地想："对于一个摄影师来说，这是一个多么漂亮的模特啊。"有时，当我绕着竞技场转一圈时，我会把目光投向观众，搜寻一个在我看来是"为毕加索而生"的人物。毕加索向我展示了奥斯卡·王尔德（Oscar Wilde）所认为的，艺术创作的惊人美德：自然模仿艺术。

这就是我们友谊的本质，它已经达到亲密的程度，但也难以摆脱我们想努力取悦名人的人性。只有当我们回归自我，在结束职业生涯中的展示后，我们才能真正感到舒适。就在那时，我感受到了巴勃罗·毕加索的个性所激

毕加索在尼姆的斗牛场。

发的"魔力"的启示。唯一可以解释这份亲密的，就是友谊。艺术从未有过年龄，为艺术献身的人也是如此。

现在我知道我为什么要穿上华丽的斗牛士衣服了：毫无疑问，是为了接触到本质。如果穿着"华丽衣服"的斗牛士能成功激发戈雅或毕加索的灵感，那么他就可以为自己完成了一项重要的使命而感到满意。不需要再找理由和解释了，这样就足够了。

路易斯·米格尔·多明吉尼（Luis Miguel Dominguin）
《巴勃罗·毕加索，斗牛与斗牛士》（Pablo Picasso, Toros y toreros，1951 年）
《艺术圈》（Le Cercle d'art），1980 年，1998 年

毕加索与政治

在艺术上，毕加索是一位革命者，在生活、政治、思想上也是如此。面对 20 世纪发生的悲惨事件，他以自己的方式做出反应，捍卫自由。在 1936—1939 年间，西班牙内战爆发，毕加索创作出的富有戏剧性表现的《格尔尼卡》，成为 20 世纪非常著名的画作之一。后来，在第二次世界大战期间，一位纳粹军官拿着《格尔尼卡》的复制品，问他："这是您的杰作吗？"毕加索回答道："不，是你们的杰作！"

《格尔尼卡》事件

1937 年 5 月，毕加索在画《格尔尼卡》时，一份在纽约印制、支持西班牙共和党的海报上刊登了他的声明，而就在不久前，有传言说毕加索是佛朗哥主义者。他是这样回答的："西班牙内战是反动势力反对人民、反对自由的斗争。作为一个艺术家，我的一生无非就是每天与反动派以及艺术的消亡做斗争。怎么会有人认为我会同意反动派和死亡呢？内战开始时，合法选举产生的西班牙民主政府任命我为普拉多博物馆馆长。我立即接受了这份工作。我将目前正在创作的画作称之为《格尔尼卡》，在我最近所有的艺术作品中，我清楚地表达了我对那群把西班牙拖入痛苦和死亡海洋的士兵的恐惧……"

加入共产党

1944 年 10 月，共产党日报《人道报》的头版宣布巴勃罗·毕加索加入共产党的消息。这个消息引起了很大的轰动。此时巴黎解放才仅过去一个月。毕加索对聚集在大奥古斯丁街工作室的许多美国记者说：

"加入共产党是我一生的必然结果，也是我所有工作的必然结果。我可以很自豪地说，我从来没有把绘画看作是一种简单的艺术，绘画和色彩，就像我的武器，我通过使用它们来深入了解世界和人类，这样我们所有人每天都能从中获得更多的自由。我试图以我自己的方式说出我认为最真实、最公正、最好的东西，当然这也是最美的。真正的艺术家们都知道这一点。

"是的，作为一个真正的革命者，我知道我一直在为我的画而奋斗。但我现在明白，这仍然是不够的。这些年来，可怕的压迫告诉我，我不仅要用我的艺术，而且还要用我自己的一切来进行战斗……

"然后我毫不犹豫地加入共产党，因为在我的内心深处，我一直和共产党在一起。阿拉贡、艾吕雅、卡苏（Cassou）以及富热龙（Fougeron），我所有的朋友都知道这一点；如果我还没有正式加入，那是因为某种'无知'，因为我以为我的作品和我内心的忠诚已经代表了加入。不过，现在我已经正式加入共产党了。难道不是它一直在努力了解和构建世界，使如今和未来的人们更加清醒、自由和幸福吗？在法国、苏联或者我的西班牙，共产主义者不是最勇敢的吗？我怎么会犹豫不决呢？我怎么会害怕承诺呢？我从来没有比现在更自由、更完整！之前，我一直是一个流亡者，总是迫不及待地想找到一个家，现在我不是了；在等待西班牙最终接纳我时，法国共产党向我敞开了怀抱，我在那里找到了我最喜欢的那些人、最伟大的学者、最伟大的诗

1953 年 12 月 27 日《人道报》头版插图。

人，以及所有这些巴黎起义者的面孔，他们是如此美丽，我曾在 8 月看到了他们，现在我又回到了我的兄弟身边！"

毕加索不是法国军队的军官

你认为艺术家是什么？一个傻瓜，他有眼睛，那他就是画家了吗？他有耳朵，那他就是音乐家了吗？或者说，他内心的每一层都有七弦琴，那他就是一个诗人吗？还有，他有肌肉，那他就是一个拳击手了吗？

恰恰相反，毕加索在身为艺术家的同时，也是一个政治人物，时刻警惕着世界上令人心碎的、炽热的或甜蜜的事件，并根据这些事件来塑造自己。艺术家怎么可能对别人不感兴趣，又怎么会过着象牙塔里的生活，对世事漠不关心，脱离那些如此慷慨地带给我们灵感的群众呢？不，绘画不是用小块颜料为房间做的装饰。它是一把在战争中进攻和防御的武器。

西蒙娜·泰里（Simone Téry）

《法国文学》（*Les Lettres françaises*）

1945 年 3 月 24 日

年表

1881 年	10 月 25 日，巴勃罗·鲁伊斯·毕加索出生。
1895 年	就读巴塞罗那回廊美术学院。
1899 年	与萨瓦特斯相识。
1900 年	在四猫酒馆第一次展览作品。
	首次前往巴黎。
1901 年	在沃拉德画廊展览作品。
	与马克斯·雅各布相识。
1904 年	搬到"洗衣船"。
1905 年	阿波利奈尔结识格特鲁德和利奥。
	开始与费尔南德·奥利维尔的恋情。
1906 年	沃拉德买了毕加索的几幅画。
	结识马蒂斯。
1907 年	完成《亚威农少女》。
	结识卡恩韦勒。卡恩韦勒画廊开张。
1910 年	结识费尔南德·莱热。
1912 年	开始与玛塞勒·安贝尔（埃娃）的恋情。
	搬到蒙帕尔纳斯。
1913 年	毕加索父亲去世。
	阿波利奈尔撰文《立体主义画家》。
1914 年	8 月 2 日，对德宣战。
1915 年	毕加索成为马克斯·雅各布受洗时的教父。
	结识科克托。
	埃娃去世。
1916 年	定居蒙鲁日。
	与加吉列夫相识。
1917 年	前往罗马，为《游行》设计布景和服装。
	与奥尔嘉·科赫洛娃相识。
	5 月 18 日，在城堡举行《游行》首映。

1918 年	与奥尔嘉结婚。
	3 月 23 日，巴黎受到轰炸。
	阿波利奈尔去世。
	达达宣言。
1921 年	保罗出生。
	完成《三个音乐家》。
1925 年	6 月 20 日，《巴黎日报》刊登了由大部分超现实主义者签名的《向毕加索致敬》。
	完成《三人之舞》。
	11 月，毕加索出席超现实主义绘画的第一场展览。
	布勒东在《超现实主义革命》杂志中发表《超现实主义与绘画》，附有《亚威农少女》的复印件。
1926 年	结识克里斯蒂安·泽尔沃斯。
	创作《吉他》系列。
1927 年	与玛丽－泰蕾兹·瓦尔特相识。
1929 年	结识达利。
1935 年	奥尔嘉与保罗离开家庭。
	玛丽亚·德拉·康塞普西翁（玛雅）出生。
1936 年	结识朵拉·玛尔。首次住在穆然。
	2 月 16 日，人民阵线在西班牙取得胜利。
	7 月 18 日，西班牙内战爆发。
1937 年	4 月 26 日，格尔尼卡大轰炸。
	创作《佛朗哥的梦想与谎言》《格尔尼卡》。
1939 年	毕加索母亲去世。沃拉德去世。
	创作《昂蒂布夜钓之景》。
	1 月 26 日，佛朗哥主义者占领巴塞罗那。
1940 年	6 月 22 日，法德签署停战协议。维希政府成立。
1941 年	创作《被尾巴抓住的欲望》。
1943 年	结识弗朗索瓦丝·吉洛。
1944 年	加入共产党。
	6 月 6 日，英美联军在诺曼底登陆。
	8 月 25 日，巴黎解放。

1945 年	穆洛的第一批石版画。
	5 月 7 日，德国投降。
1946 年	纽约现代艺术博物馆举行毕加索作品回顾展。昂蒂布博物馆作品展。
1947 年	毕加索的儿子克劳德出生。创作第一件瓦洛里斯陶瓷。
	向国家现代艺术博物馆捐赠作品，主要是《裸女与乐师》（1942）。
1949 年	创作《和平之鸽》。
	帕洛玛出生。
1952 年	为瓦洛里斯教堂绘制《战争与和平》。创作《四个小女孩》。
1953 年	3 月 5 日，创作《法国文学》中的斯大林肖像。
	与弗朗索瓦丝·吉洛分开。
1954 年	与杰奎琳·罗克相识。
	创作《阿尔及尔女人》。
1955 年	奥尔嘉去世。
	收购戛纳加州庄园。完成《阿尔及尔女人》系列画作。
	毕加索官方作品回顾展在巴黎举行。
1956 年	毕加索和 9 位共产主义知识分子、艺术家被要求澄清在布达佩斯发生的事件。
1957 年	开始《宫娥》的创作。
1959—1960 年	模仿马奈《草地上的午餐》。
1961 年	与杰奎琳·罗克结婚。搬到穆然的圣母村。
	10 月 28 到 29 日，在瓦洛里斯举行毕加索的 80 岁诞辰庆祝活动。
1963 年	毕加索博物馆在巴塞罗那开张。
1966 年	为庆祝毕加索 85 岁诞辰，世界各地举行了许多活动。
	巴黎大皇宫与小皇宫举办回顾展。
1967 年	毕加索拒绝荣誉军团勋章。
1970 年	几乎所有早期作品都被捐赠到巴塞罗那博物馆。
1971 年	世界各地为毕加索 90 岁诞辰举行了许多活动。
1973 年	4 月 8 日，毕加索去世。

相关文献

［1］布拉塞,《与毕加索的对话》,伽利玛出版社,1964 年、1997 年。

Brassaï, *Conversations avec Picasso*, Gallimard, 1964, 1997.

［2］让·科克托,《对"秩序"的呼唤》,斯托克出版社,1926 年。

Jean Cocteau, *Le Rappel à l' Ordre*, Stock, 1926.

［3］大卫·道格拉斯·邓肯,《巴勃罗·毕加索的世界末日》,阿歇特出版集团,1959 年。

David Douglas Duncan, *Le Petit Monde de Pablo Picasso*, Hachette, 1959.

［4］弗朗索瓦丝·吉洛、卡尔顿·莱克,《与毕加索一起生活》,卡尔曼－莱维出版社,2006 年 10 月 18 日。

Françoise Gilot et Carlton Lake, *Vivre avec Picasso*, Calmau-Lévy, 1965; 10/18, 2006.

［5］马克斯·雅各布,《毕加索纪念品》,《艺术手册》,1927 年。

Max Jacob, *Souvenirs sur Picasso*, Cahiers d'Art, 1927.

［6］丹尼尔－亨利·卡恩韦勒,《美学忏悔》,伽利玛出版社,1963 年。

Daniel-Henri Kahnweiler, *Confessions esthétiques*, Gallimard, 1963.

［7］安德烈·马尔罗,《黑曜岩头像》,伽利玛出版社,1974 年。

André Malraux, *La Tête d'obsidienne*, Gallimard, 1974.

［8］费尔南德·奥利维尔,《毕加索和他的朋友》,斯托克出版社,1933 年;皮格马利翁出版社,2001 年。

Fernande Olivier, *Picasso et ses amis*, Stock, 1933; Pygmalion, 2001.

［9］埃莱娜·帕姆兰,《毕加索说……》,贡捷出版社,1966 年。

Hélène Pamran: *Picasso dit...*, Gonthier, 1966.

［10］热姆·萨巴尔泰斯,《毕加索、肖像与记忆》,路易斯·卡雷与马克西米利安·沃克斯出版,1946 年。

Jaime Sabartès, *Picasso, portraits et souvenirs*, Louis Carré et Maximilien Vox, 1946.

［11］格特鲁德·斯坦,《爱丽丝·B.托克拉斯自传》,伽利玛出版社,1934 年、1990 年。

Gertrude Stein: *Autobiographie d'Alice B. Toklas*, Gallimard, 1934, 1990.

作品目录

［1］乔治·布洛赫：《毕加索》，作品目录：雕刻和版画，伯尔尼，科拉菲尔德和克里普斯坦出版，3卷，1968—1972年。

Georges Bloch, *Picasso*, catalogue de l' cuvregravé et lithographié, Berne, Korafeld et Klipstein, 3 vol., 1968-1972.

［2］克里斯托夫·茨维克利策：《290张毕加索海报》，巴黎：菲施巴赫图书馆，2卷，1968年。

Christophe Czwikliter, *290 affiches de Picasso.* Paris, Librairie Fischbacher, 2 vol., 1968.

［3］皮埃尔·戴克斯、乔治·布岱伊：《毕加索1900—1906》，作品目录：油画，法国艺术图书馆，1961年。

Pierre Daix et Georges Boudaille, *Picasso 1900-1906,* catalogue raisonné de l'ouvre peint, Bibliothèque des Arts, 1961.

［4］伯恩哈德·盖泽：《毕加索：画家与雕塑家》，伯尔尼，盖泽出版，2卷，1933—1968年。

Bernhard Geiser, *Picasso peintre-graveur,* Berne, Geiser, 2 vol., 1933-1968.

［5］费尔南·穆洛：《毕加索：版画家》，安德烈·索泰出版，4卷，1949—1964年。

Fernand Mourlot, *Picasso lithographe.* André Sauter, 4 vol., 1949-1964.

［6］何塞普·帕劳·I.法夫雷：《毕加索的立体派》，阿尔宾·米歇尔出版，1990年；克内曼，1998年；《活着的毕加索》，阿尔宾·米歇尔出版，1990年。

Josep Palau i Fabre, *Picasso cubisme.* Albin Michel, 1990, Könemann, 1998; *Picasso vivant*, Albin Michel, 1990.

［7］维尔纳·施皮斯：《毕加索的雕塑》，洛桑，克莱尔方丹出版，1971年。

Werner Spies, *Les Sculptures de Picasso*, Lausanne, Clairefontaine, 1971.

［8］克里斯蒂安·泽尔沃斯：《巴勃罗·毕加索》，《艺术笔记》，33卷，1932—1978年。

Christian Zervos, *Pablo Picasso*, Cahiers d'Art, 33 vol., 1932-1978.

专著

［1］玛丽-洛尔·贝尔纳达克：《毕加索博物馆作品收录》，法国国家博物馆联合会，2002年。

Marie-Laure Bernadac, *Album du musée Picasso*, RMN, 2002.

［2］乔治·布达耶、拉乌尔-让·穆兰：《毕加索》，法语出版社，1971年。

Georges Boudaille et Raoul-Jean Moulin, *Picasso*, Nouvelles Éditions françaises, 1971.

［3］皮埃尔·卡巴纳：《毕加索时代》，2卷，1975年；最新版，伽利玛出版社，1992年。

Pierre Cabanne, *Le Siècle de Picasso*, Denoël, 2 vol., 1975; nouvelle édition, Gallimard, 1992.

［4］让·卡苏：《巴勃罗·毕加索》，绍莫吉，1975年。

Jean Cassou, *Pablo Picasso*, Somogy, 1975.

［5］朱昂－爱德华多·西尔洛：《毕加索，天才的诞生》，阿尔宾·米歇尔出版，1972年。

Juan-Eduardo Cirlot, Picasso. Naissance d'un génie, Albin Michel, 1972.

［6］让·科克托：《毕加索》，斯托克出版社，1923年。

Jean Cocteau, *Picasso*, Stock, Collectif, Picasso, Hachette, 1923.

［7］皮埃尔·戴：《巴勃罗·毕加索的画家生涯》，塞伊出版社，1977年。

Pierre Daix, *La Vie de peintre de Pablo Picasso*, Le Seuil, 1977.

［8］皮埃尔·德·尚普里：《毕加索，阴影与阳光》，伽利玛出版社，1960年。

Pierre De Champris, *Picasso, ombre et soleil*, Gallimard, 1960.

［9］皮埃尔·德卡尔格：《毕加索》，大学出版社，1956年，1973年。

Pierre Descargues, *Picasso*, Éditions Universitaires, 1956, 1973.

［10］加斯顿·迪尔：《毕加索》，弗拉马利翁出版社，1960年，1977年。

Gaston Diehl, *Picasso*, Flammarion, 1960, 1977.

［11］大卫·道格拉斯·邓肯：《毕加索的毕加索》，洛桑出版社，1961年。

David Douglas Duncan, *Les Picasso de Picasso,* Lausanne, Edita, 1961.

［12］弗兰克·埃尔加、罗伯特·梅拉德：《毕加索》，哈赞出版社，1955年，1987年。

Frank Elgar et Robert Maillard, *Picasso*, Hazan. 1955, 1987.

［13］保罗·艾吕雅：《致巴勃罗·毕加索》，日内瓦，三山出版社，1944年。

Paul Eluard, *À Pablo Picasso*, Genève, Les Trois Collines, 1944.

［14］安德烈·费米吉耶：《毕加索》，口袋书出版社，1969年。

André Fermigier, *Picasso*, Le Livre de Poche, 1969.

［15］雅克·拉赛涅：《毕加索》，绍莫吉，1949年。

Jacques Lassaigne, *Picasso,* Somogy, 1949.

［16］安德烈·勒韦尔：《毕加索》，巴黎，克雷斯出版，1928年。

André Level, *Picasso*, Paris, Crès, 1928.

［17］让·莱马里：《毕加索，变化与统一》，日内瓦，斯基拉出版社，1971年。

Nouvelle 出版社，1985 年。

 Jean Leymarie, *Picasso. Métamorphoses et Unité*, Genève, Skira, 1971, nouvelle édition, 1985.

［18］何塞普·帕劳·I. 法夫雷:《毕加索的生活（1881—1907）》，阿尔宾·米歇尔出版，1981 年，1990 年。

Josep Palau i Fabre, *Picasso vivant (1881-1907)*, Albin Michel, 1981, 1990.

［19］罗兰·彭罗斯:《毕加索》，弗拉马利翁出版社，1996 年。

Roland Penrose, *Picasso*, Flammarion, 1996.

［20］《毕加索（1881—1973）》，隆德雷斯，保罗·埃莱克出版，1973 年。

Picasso 1881-1973, Londres, Paul Elek, 1973.

［21］莫里斯·雷纳尔:《毕加索》，日内瓦，斯基拉出版社，1953 年。

Maurice Raynal, *Picasso*, Genève, Skira, 1953.

［22］皮埃尔·勒韦迪:《巴勃罗·毕加索和他的作品》，国家研究基金会，1924 年。

Pierre Reverdy, *Pablo Picasso et son cuvre*, NRF, 1924.

［23］约翰·理查森:《毕加索的一生》，谢纳出版社，1992 年。

John Richardson, *Vie de Picasso*, Éditions du Chêne, 1992.

［24］格特鲁德·施泰因:《毕加索》，巴黎，1938 年，克里斯蒂安·布尔古瓦出版，2006 年。

Gertrude Stein, *Picasso*, Paris, 1938, Christian Bourgois, 2006.

［25］特里斯坦·查拉:《毕加索和知识之路》，日内瓦，斯基拉出版社，1948 年。

Tristan Tzara, *Picasso et les chemins de la connaissance*, Genève, Skira, 1948.

［26］威廉·乌德:《毕加索与法国传统，当代绘画笔记》，四路出版社，1928 年。

Wilhelm Uhde, *Picasso et la tradition française, notes sur la peinture actuelle,* Les Quatre Chemins, 1928.

［27］安东尼娜·瓦伦坦:《巴勃罗·毕加索》，阿尔宾·米歇尔出版，1957 年。

Antonina Vallentin, *Pablo Picasso*, Albin Michel, 1957.

展览目录

［1］阿内·巴尔达萨里:《毕加索的风格》，毕加索博物馆，巴黎，2007 年 9 月—2008 年 1 月，法国国家博物馆联合会、弗拉马利翁出版社，2007 年。

Anne Baldassari (sous la dir. de), *Picasso cubiste*, musée Picasso, Paris, septembre 2007-janvier 2008, RMN/Flammarion, 2007.

［2］阿内·巴尔达萨里：《毕加索和布拉塞》，法国国家博物馆联合会，1995 年。

Anne Baldassari, P*icasso et Brassai*, RMN, 1995.

［3］阿内·巴尔达萨里：《毕加索的摄影师》，法国国家博物馆联合会，1995 年。

Anne Baldassari, Picasso photographe, RMN, 1995.

［4］《安布鲁瓦兹·沃拉德（1867—1939）：从塞尚到毕加索》，奥赛博物馆，法国国家博物馆联合会，2007 年。

Collectif, Ambroise Vollard (1867-1939): de Cézanne à Picasso, musée d'Orsay, RMN, 2007.

［5］《马蒂斯，毕加索》，巴黎大皇宫，2002—2003 年，法国国家博物馆联合会，2002 年。

Collectif, Matisse, Picasso, Paris, Grand Palais, 2002-2003, RMN, 2002.

［6］《毕加索的情色》，巴黎，蒙特利尔，巴塞罗那，2001—2002 年，法国国家博物馆联合会，2001 年。

Collectif, Picasso érotique, Paris, Montréal, Barcelone, 2001-2002, RMN, 2001

［7］多米尼克·迪皮伊－拉贝：《毕加索的日记》，巴黎毕加索博物馆，2006 年。

Dominique Dupuis-Labbé (sous la dir. de), *Les Carnets de Picasso*, musée Picasso, Paris, 2006.

插图目录

016	《卡萨吉马斯之死》，1901 年夏，木板油画，27cm×35cm，巴黎毕加索博物馆。
018	《红磨坊前的自画像》（细部），1901 年，彩色墨水、蜡笔画，私人收藏。
019	1904 年的毕加索，毕加索博物馆档案，巴黎彭罗斯收藏。
021	费尔南德·奥利维尔，1906 年，出处同上。
022	《生活》，1903 年，布面油画，197cm×127.3cm，克利夫兰艺术博物馆。
023	《自画像》，1901 年完成，布面油画，81cm×60cm，巴黎毕加索博物馆。
024~025	《盲者的饮食》，1903 年，布面油画，95.3cm×94.6cm，纽约大都会艺术博物馆。
026	《格特鲁德·斯坦的画像》，1906 年，布面油画，99.6cm×81.3cm，出处同上。
027	《站在球上的杂技演员》，1905 年，布面油画，147cm×95cm，莫斯科普希金博物馆。
029	《自画像》，1906 年，布面油画，65cm×54cm，巴黎毕加索博物馆。
031	《梳妆》，1906 年，布面油画，174.9cm×99.7cm，纽约大都会艺术博物馆。
032~033	《卖艺人家》，1905 年，布面油画，212.8cm×229.6cm，华盛顿国家美术馆。
034	《丑角和他的女伴》，1901 年，布面油画，73cm×60cm，莫斯科普希金博物馆。
035	《杂技演员一家和猴子》，1905 年，粉彩纸板上的中国墨水、水粉、水彩画，哥德堡艺术博物馆。
036	《手风琴演奏者》，1905—1906 年，纸板水粉，100cm×70cm，苏黎世美术馆。
037	《演员》，1904 年，布面油画，194cm×112cm，纽约大都会艺术博物馆。
038	《少女画像》，1914 年，布面油画，130cm×96.5cm，巴黎乔治－蓬皮杜国家艺术文化中心。

第三章

039	新喀里多尼亚女性雕塑，巴黎毕加索博物馆。

041 左上　非洲中东地区面具。

041 左下　《一个女人或水手的半身像》（为《亚威农少女》所作研究），1907 年，纸板油画，53.5cm×36.2cm，巴黎毕加索博物馆。

041 右上　伊比利亚雕像，出处同上。

041 右下　《女人胸像》（为《亚威农少女》所作研究），1907 年，布面油画，58.5cm×48.5cm，出处同上。

042 上　　《亚威农少女研究》，1907 年 5 月。黑色钢笔画。8.2cm×9cm，出处同上。

042 下　　保罗·塞尚《浴女图》，1900—1906 年。布面油画，127.2cm×196.1cm，伦敦国家美术馆。

042~043　《亚威农少女》，1907 年 6 月或 7 月，布面油画，243.9cm×233.7cm，纽约现代艺术博物馆。

045　　　布拉克在克利希大道的工作室，1909—1910 年，巴黎毕加索博物馆。

046　　　《奥尔塔工厂》，1909 年，布面油画，50.7cm×60.2cm，圣彼得堡埃尔米塔什博物馆。

047　　　《费尔南德的头像》，雕塑，1909 年。巴黎毕加索博物馆。

048　　　《桌子上的面包和果盘》，1908—1909 年，布面油画，164cm×132.5cm，巴勒艺术博物馆。

049　　　《绿碗和黑瓶》，1908 年，布面油画，61cm×51cm，圣彼得堡冬宫博物馆。

050~051　《风景中的两个人》，1908 年，布面油画，60cm×73cm，巴黎毕加索博物馆。

052　　　《费尔南德的头像》，创作于 1909 年，布面油画，61.8cm×42.8cm，北威斯特法伦艺术收藏，杜塞尔多夫。

053　　　《沃拉德肖像》，1910 年，布面油画，99cm×66cm，莫斯科普希金博物馆。

054　　　《烟斗、玻璃杯、梅花 A、巴斯啤酒瓶、吉他和骰子》，1914 年，布面油画，45cm×40cm，柏林新国家美术馆，海因茨·贝里格伦收藏。

055　　　埃娃在索尔格，1912 年，毕加索博物馆档案，巴黎彭罗斯伦收藏。

056　　　《藤椅静物画》，1912 年，油画布包边油画，29cm×37cm，巴黎毕加索博物馆。

058 左上　《曼陀林和单簧管》，1913 年，结构：杉木、油漆和铅笔线条，

58cm×36cm×23cm，出处同上。

058 右上　《吉他》，1912 年，结构：纸板、糨糊、绳子、油和铅笔线条，33cm×18cm×9.5cm，出处同上。

058 左下　《小提琴》，1915 年，结构：钢丝切割、折叠和蚀刻，100cm×63.7cm×18cm，出处同上。

058 右下　《小提琴和乐谱》，1912 年，彩色纸和音乐乐谱粘在纸板上。水粉画，78cm×63.5cm，出处同上。

059　《小提琴》，1915 年，纸箱、纸、水粉、木炭、粉笔画。51.5cm×30cm，出处同上。

061　《画家和他的模特》，1914 年夏，铅笔、布面油画，58cm×55.9cm，出处同上。

062　1915 年的马克斯·雅各布，毕加索博物馆档案，巴黎彭罗斯收藏。

063　1915 年的毕加索，在舒尔彻街的画室里，巴黎艺术档案。

064　《椅上的奥尔嘉》，1917 年，布面油画，130cm×88.8cm，巴黎毕加索博物馆。

第四章

065　芭蕾舞剧《普钦奈拉》的服装设计，1920 年，水粉和铅笔画，34cm×23.5cm，出处同上。

066~067　芭蕾舞剧《游行》场景，1917 年，胶漆画，10.5cm×16.4cm，巴黎乔治－蓬皮杜国家艺术文化中心。

068　《埃里克·萨蒂的肖像》，1920 年 5 月 19 日，铅笔木炭画，62cm×47.7cm，出处同上。

069　《让·科克托的讽刺肖像》，1917 年，水粉画，19.5cm×6.8cm，巴黎毕加索博物馆。

070　《阿波利奈尔的肖像》，1916 年，铅笔画，48.8cm×30.5cm，私人收藏。

072~073　《沙滩上奔跑的女人》，1922 年，胶合板水粉画，32.5cm×41.1cm，巴黎毕加索博物馆。

074　1923 年的保罗。出处同上。

075　《穿小丑服的保罗》，1924 年，布面油画，130cm×97.5cm，私人收藏。

076　《三人之舞》，1925 年，布面油画，215cm×142cm，伦敦泰特现代美术馆。

第五章

077　　　1937 年曼·雷拍摄的毕加索。

079　　　安德烈·布勒东的肖像，1924 年。

080　　　《花园中的女人》，1929—1930 年，铁焊接、上漆，206cm×117cm×85cm，
　　　　　私人收藏。

081　　　《手持叶片的女人》，雕塑，1934 年，巴黎毕加索博物馆。

082　　　《吉他》，1926 年，绳子、报纸、抹布、钉子、彩绘帆布。96cm×130cm，
　　　　　巴黎毕加索博物馆。

083　　　玛丽－泰蕾兹·瓦尔特在迪纳尔，1929 年夏，私人收藏。

084　　　《裸体》，1932 年 4 月 4 日，布面油画，130cm×161.7cm，出处同上。

085　　　《女人胸像》，1931 年，青铜像（单件），78cm×44.5cm×54cm，出处同上。

087　　　《斗牛：女斗牛士之死》，1933 年 9 月 6 日，木板油画。21.7cm×27cm，出
　　　　　处同上。

088~089　《斗牛：斗牛士之死》，1933 年 9 月 19 日，木板油画。31cm×40cm，出处
　　　　　同上。

090~091　《米诺托之战》，1935 年，蚀刻和刮板画。49.8cm×69.3cm，出处同上。

092　　　1929 年，毕加索在画室里。

093　　　《开更衣室的女人》，1928 年，布面油画，32.8cm×22cm，出处同上。

094　　　《巨大而炙热的甜瓜片背面……》，1935 年 12 月 14 日，中国墨水和彩
　　　　　色蜡笔画。25.5cm×17.1cm，巴黎毕加索博物馆。

095　　　《抱着洋娃娃的玛雅》，1938 年，布面油画，60cm×74cm，出处同上。

097　　　《佛朗哥的梦想与谎言》（细部），蚀刻和凹版画，1937 年 1 月 8 日—9
　　　　　日，31.7cm×42.2cm，巴黎毕加索博物馆。

098　　　毕加索在画《格尔尼卡》，1937 年。朵拉·玛尔拍摄。

099　　　《哭泣的女人》，1937 年 6 月 19 日，纸板铅笔水粉画，12cm×9cm，马
　　　　　德里国家艺术中心博物馆。

100~101　《格尔尼卡》，1937 年 6 月 4 日，布面油画，349.3cm×776.6cm，出处
　　　　　同上。

102 左上　《格尔尼卡研究》，1937 年 6 月 3 日，石墨、彩色铅笔和水粉画，
　　　　　23.2cm×29.3cm，出处同上。

102 右上　《女人与一个死去的孩子》，1937 年 6 月 22 日，布面油画，
　　　　　55cm×46.3cm，出处同上。

102下	《格尔尼卡研究》，1937 年 5 月 9 日，纸上铅笔画，24cm×45.3cm，出处同上。
103	《格尔尼卡研究》，1937 年 5 月 2 日，蓝纸铅笔画，20.9cm×21cm，出处同上。
104	《哭泣的女人》，1937 年 10 月 26 日，布面油画，60cm×49cm，伦敦泰特现代美术馆。

第六章

105	1941 年的朵拉·玛尔，布拉塞拍摄。
106	《昂蒂布夜钓之景》，1939 年，布面油画，205.7cm×345.4cm，纽约现代美术馆。
108	《衔着小鸟的猫》，1939 年 4 月 22 日，布面油画，81cm×100cm，巴黎毕加索博物馆。
109	1944 年 6 月 16 日，毕加索《被尾巴抓住的欲望》演员聚会。布拉塞拍摄。
111	《抱羊之人》，1943 年，青铜像，222.5cm×78cm×78cm，巴黎毕加索博物馆。
112	1948 年夏天，弗朗索瓦丝·吉洛和毕加索在朗安海湾，罗伯特·卡帕拍摄。
113上	《太阳中的弗朗索瓦丝》，1946 年 6 月 15 日，石版画，巴黎毕加索博物馆。
113下	1957 年，毕加索在他的加州别墅，勒内·布里拍摄的照片的细节。
114	《祈求者》，1937 年 12 月 18 日，木板水粉画，巴黎毕加索博物馆。
115	《戴条纹帽的女人半身像》，1939 年 6 月 3 日，布面油画，81cm×54cm，出处同上。
116	《玛丽－泰蕾兹》，1937 年 1 月 6 日，布面油画，100cm×81cm，出处同上。
117	《朵拉·玛尔的肖像》，1937 年，布面油画，92cm×65cm，出处同上。
118	《杰奎琳的肖像》，1954 年 6 月 3 日，布面油画，116cm×88.5cm，出处同上。
119	《花之女》，1946 年 5 月 5 日，油画，146cm×89cm，弗朗索瓦丝·吉洛收藏。

120	《雌猴和小猴》，1951 年，原为石膏像，56cm×34cm×71cm，巴黎毕加索博物馆。
121	《人头猫头鹰》，1951—1953 年，装饰白土，33.5cm×34.5cm×25cm，出处同上。
122	《穿着土耳其服装的杰奎琳》，1955 年 11 月 20 日，布面油画，100cm×81cm，私人收藏。

第七章

123	正在画斗牛的毕加索，20 世纪 50 年代，邓肯拍摄。
124	《面具》，为《神韵》杂志作画，1954 年 1 月 25 日。
126~127	《加州画室》，1956 年 3 月 30 日，布面油画，114cm×146cm，巴黎毕加索博物馆。
128 上	欧仁·德拉克洛瓦《阿尔及尔女人》，1834 年，巴黎卢浮宫。
128 下	《阿尔及尔女人》（参考德拉克洛瓦），1955 年 2 月 14 日，布面油画，114cm×146.4cm，私人收藏。
129	普罗旺斯地区沃夫纳格城堡。
130	《山羊》，1950 年，原为石膏像，120.5cm×72cm×144cm，巴黎毕加索博物馆。
131	《跳绳的小女孩》，1950 年，原为石膏像，152cm×65cm×66cm，出处同上。
132~133	《游泳者》，1956 年夏，原为木质，雕塑群组：《潜水女人》，264cm×83.5cm×83.5cm；《双手合十的男人》，213.5cm×73cm×36cm；《如厕人》，228cm×88cm×77.5cm；《孩子》，136cm×67cm×46cm；《张开双臂的女人》，198cm×174cm×46cm；《年轻人》，176cm×65cm×46cm。斯图加特国立美术馆。
134	《足球运动员》，1961 年，帆布裁剪、折叠、涂漆、涂油，58cm×48cm×24cm，巴黎毕加索博物馆。
135	《抱着孩子的女人》，1961 年，帆布裁剪、折叠、组装、涂漆，128cm×60cm×35cm，出处同上。
136	委拉斯开兹《宫娥》，1656 年，布面油画，138cm×276cm，马德里普拉多博物馆。
137	《宫娥》（参考委拉斯开兹），1957 年 10 月 2 日，布面油画，162cm×129cm，

索引

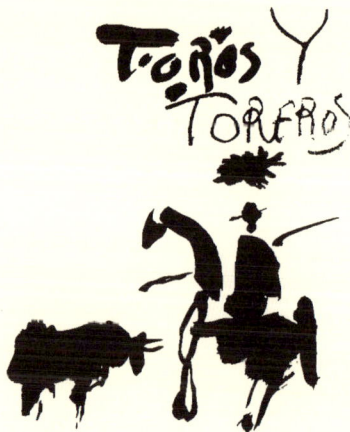

图片版权